ic

TÚ
ERES UN
MILAGRO

Verónica del Castillo

TÚ
ERES UN
MILAGRO

Manifiesta tu abundancia y usa el poder
de tus pensamientos para lograr lo que quieres

Prólogo de Kate del Castillo

AGUILAR

Tú eres un milagro
Manifiesta tu abundancia y usa el poder de tus pensamientos para lograr lo que quieres

Primera edición: mayo, 2018

D. R. © 2018, Verónica del Castillo

D. R. © 2018, derechos de edición mundiales en lengua castellana:
Penguin Random House Grupo Editorial, S.A. de C.V.
Blvd. Miguel de Cervantes Saavedra núm. 301, 1er piso,
colonia Granada, delegación Miguel Hidalgo, C.P. 11520,
Ciudad de México

www.megustaleer.mx

D. R. © Penguin Random House / De5ign 5tudio, por el diseño de cubierta
D. R. ©Adobe Stock /Magda Fischer por la fotografía de portada
D. R. © Pavel Anton, por la fotografía de la autora

ISBN: 978-607-316-542-6

Impreso en México – *Printed in Mexico*

El papel utilizado para la impresión de este libro ha sido fabricado a partir de
madera procedente de bosques y plantaciones gestionadas con los más altos estándares
ambientales, garantizando una explotación de los recursos sostenible con el medio
ambiente y beneficiosa para las personas.

Penguin
Random House
Grupo Editorial

Gracias al maestro Jesús, por enseñarme
que la única creencia que necesito corregir
es la sensación de estar separada de Dios.
Por corregir mi mente y hacerme aceptar
la sanación en mí para después compartir con otros.
Por recordarme quien soy: una hija amada de Dios,
creada para crear.

Para el amor de mi vida: mi hijo Darwin,
mi milagro más grande.
Gracias por elegirme como tu mamá y tu alumna.

A mis padres: gracias por el milagro de darme vida
y la herencia de sus genes en amor infinito.

A mi hermana Kate: gracias por enseñarme que en el amor no existen
distancias ni tiempo, que venimos a aprender y divertirnos;
por dejarme ver que existen bendiciones disfrazadas de tragedias.
Tragedia + tiempo = comedia.

Tienes el poder de obrar milagros.
Yo proveeré las oportunidades para obrarlos,
pero tú debes estar listo y dispuesto.
Dios en UCDM

Un corazón dispuesto y agradecido
es un imán para los milagros.

ÍNDICE

Prólogo:
TÚ ERES UN MILAGRO
Kate del Castillo

Todo lo que yo tenga que decir acerca de *Tú eres un milagro*, de Verónica del Castillo, puede parecer un "cebollazo", por ser ella la autora de este libro y también mi hermana, a quien amo y admiro profundamente. Pero no importa, o mejor dicho, no ME importa y al parecer a ella tampoco, puesto que fue suya la idea de invitarme a escribir este prólogo: gracias Vero.

Entiendo muy bien por qué lo hizo. Soy, a diferencia de ella, completamente terrenal. Escéptica. Solamente creo en lo que veo y palpo. Las dos crecimos bajo la religión católica y no hubo diferencias en la educación entre las dos, entonces me pregunto: ¿Cómo podemos ser tan diferentes? Quiero aclarar, antes de seguir; creo profundamente en Dios porque lo veo todos los días en el reflejo del espejo, a través de mis ojos. Todos somos Dios. Dios ESTÁ en uno. Me atrevo a compartir que, como la mayoría de nosotros, mi hermana ha vivido y sobrevivido muchas etapas. Ha luchado incluso contra ella para mejorar y superarse, para ser más espiritual y emocional que sólo una gran profesional. Eso lo admiro, de veras. Pero esto tampoco quiere decir que su carrera no haya evolucionado. Al contrario. Simplemente sus prioridades siempre fueron sembrando raíces para crecer, desde lo espiritual, hoy son esos los frutos que hoy ella cosecha merecidamente.

La verdad sea dicha, yo estaba un poco renuente a leer este libro. No sabía qué esperar y pensé que iba a estar lleno de "mensajes" con los cuales yo no iba a estar de acuerdo, o plagado de ideas que me iban a hacer sentir juzgada y regañada. No soy para nada "fan" de los libros de autoayuda y mucho menos de los que traen "ejercicios" que uno debe seguir, como borreguito, para ser feliz; como si realmente existiera un "manual de la felicidad". Es horrible cuando te sientes con la obligación de hacer algo, sólo porque se trata de la familia: ¡Aaaarrgghh! ¡Pero también, qué bonito es hacerlo y encontrar una enseñanza de vida profunda que no esperabas!, surgida del puño y letra de un ser tan querido. Al final, mi hermana es una mujer extremadamente inteligente, ha pasado prácticamente los mismos 18 años que yo tengo fuera de Mexico, estudiando diferentes filosofías, distintas técnicas de desarrollo humano y varias alternativas de la medicina tradicional. Algunas fallidas, tal vez. Por lo menos eso era lo que yo pensaba, ya que ciertos aspectos de su carácter no mejoraban y algunas de sus ideas seguían inamovibles y preconcebidas. Por ejemplo, le costaba escuchar otras maneras de pensar y se aferraba únicamente a sus creencias. En fin, recuerdo que no lograba encontrar coherencia entre su forma de pensar, su manera de hablar y su capacidad de actuar.

Creo que todos estaremos de acuerdo que lograr esto es de las cosas más difíciles para poner en práctica, como seres humanos que somos.

Después de leer *Tú eres un milagro* mi percepción cambió de una manera que no me esperaba; tanto positiva, como —aunque todavía no me lo crea— espiritualmente. No hablo sólo de la percepción que tenía de Vero, también cambió mi forma de ver y de encontrarme con esos milagros, de los cuales yo me sentía completamente exenta. Tal vez pensaba que este libro se proponía "convertirme" en algo. Lo cierto es que me hubiese dado una pena enorme decirle la verdad de lo que, quizás, hubiese pensado de su libro, de no haber tenido ningún efecto en mí. Todo lo contrario, ¡resultó que la única que estaba mal y con prejuicios era yo! Y esa revelación me hizo sentir una profunda felicidad. No sólo estoy aprendiendo, a partir de la lectura de este libro, que los milagros existen y están por todas partes; no son privilegio de unos cuantos, sino que son cuestión de FE y de estar abiertos a distinguirlos.

También me hizo feliz que esto no fuera un libro religioso. Yo no creo en la religión, ni en ninguna institución establecida por el hombre para ejercer control sobre las masas. Mi sorpresa terminó siendo, entonces, que cada página que leí me hizo estar más en contacto con ÉL, con MI propio Dios. ¡Además tiene un excelente sentido del humor, muy típico de mi hermana!

Una de las partes que más me gustó y con la que más me identifico fue: "Einstein creía en el Dios panteísta del filósofo Holandés Baruch Spinoza, es decir, un Dios impersonal, sinónimo de naturaleza y Universo: «Yo creo en el Dios de Spinoza que se revela en la armonía ordenada de lo que existe, no en el Dios que se involucra Él mismo con los destinos y acciones de los seres humanos.» Es decir, creía en un Dios sutil pero no malicioso ni castigador, un Dios que gobierna la naturaleza pero que no es personal."

Hermana, estoy muy agradecida contigo por haberme dado la oportunidad de ampliar mi manera de pensar, de sentir ¡y hasta de creer!

Recuerdo en varias ocasiones que Vero quería "curarme" por medio de Reiki y Theta Healing y sepa Dios qué tantas otras cosas más y yo no sentía nada, más que su amor y generosidad incondicional, pues siempre quería ayudarme de alguna manera. Tan es así, ¡que hasta a un retiro me llevó! ¡Agua Viva, cómo olvidarte! Sin embargo, varios amigos y amigas mías sí han sido ayudados por mi hermana. Literalmente ayudados.

Hace poco tiempo Vero estuvo de visita en mi casa en, Los Ángeles, California, a donde yo me encontraba ensayando para un show con dos grandes amigas mías actrices. De pronto mi asistente se pasaba a visitar y a ver los ensayos.

Las productoras venían de visita, igual… Resulta que mientras yo ensayaba, ¡ella ayudaba a mis colegas! Me fui enterando de esto porque cada día llegaba alguien a decirme "tu hermana tiene un don", "Verónica me curó un dolor que traía desde hace meses", "que maravilla tener a una hermana que sea sanadora", "hasta hablé con mi papá, que ya murió, gracias a tu *sis*", etcétera, etcétera… Yo me sorprendí, no por estas revelaciones, sino por haberme dado cuenta de mi falta de fe en ella.

Al poco tiempo le dije que me ayudara con un dolor que traía, debido a una caída muy fuerte que sufrí. Esa misma noche durmió conmigo. Colocó su mano sanadora debajo de mi codo, que estaba destruido. Su mano la utilizó como colchón protector para que no me lastimara durante la noche: no sólo no me lastimé en mi sueño, sino que al día siguiente ya se me había quitado el dolor.

Estoy convencida de que todo está en uno mismo, y viene desde la fe que decidimos tener. No es que ella realmente sane. Ella, como bien lo dice en este libro, es sólo una vía para que ÉL haga el resto. Y, como ella, hay muchas personas que sí tienen ese "duende"; angelitos que andan por la vida ayudando. Vero es generosa y se desvive por ayudar a la gente. Para eso hay que nacer y hay que estar agradecidos de que existen esas almas que saben escuchar, amar, dar y sanar, y que no sólo lo saben, ¡también lo comparten! Y por encima de todo, unas buenas risas con mi hermana me aliviaron aún más. Esa es mi experiencia con este libro. Ojalá lo disfruten y les ayude tanto como me ayudó a mí. Está, sin duda alguna, escrito con amor y me reconforta saber que SOMOS UN MILAGRO. Gracias, hermanita mía, por tus palabras sanadoras. Mantenme con fe, siempre.

TE AMO,
Kate.

I

Introducción

Desde hace más de veintidós años en mi trabajo como periodista, he sido testigo de historias y casos que considero milagrosos. He redactado, editado, presentado y comentado en radio y televisión, cientos de vivencias sorprendentes y desgarradoras e inauditas. Asimismo, he realizado decenas de entrevistas a sobrevivientes de enfermedades mortales, aparatosos accidentes, intentos de suicidio y secuestros. Todos estos testimonios y relatos nos provocan una inevitable reflexión acerca del valor de la vida y del agradecimiento con la divinidad.

Tengo una fascinación por los libros, talleres, cursos y conferencias que tienen que ver con el mundo espiritual, la psicología, la filosofía y el desarrollo humano; también sobre la vida después de la muerte y las historias de superación personal.

Hasta hace poco tiempo, no entendía por qué me interesaban tanto los milagros y las humanidades, ni tampoco sabía para qué podría usar los conocimientos que he adquirido a través de los múltiples cursos y seminarios a los que he asistido, más allá del gusto personal. Sin embargo, ahora me doy cuenta de que Dios me estaba preparando para brindar un testimonio espiritual de los milagros, como aficionada a las humanidades y como periodista, pero desde una perspectiva espiritual y humana sobre la importancia de los milagros en nuestras vidas. Quiero compartir estas inquietudes con el resto del mundo, independientemente de las creencias religiosas o espirituales de la gente. Documentar lo que, desde mi punto de vista, son milagros. Dios entrenó mi mente y mi visión para ver más allá de las desgracias, la muerte y la destrucción, para sentir su mano de amor y compasión, donde quizá los demás ven tristeza y zozobra.

Siento una gran deuda con la audiencia a la que me he dirigido ya que, en el mundo de las noticias, al menos 90 % son notas rojas. Normalmente, se habla mucho de las desgracias y poco de la esperanza y de la fe. Y lo que quiero ahora es dar buenas noticias. Hoy quiero decirte que los milagros existen y que todos tenemos acceso a ellos.

El más hermoso milagro en mi vida fue cuando traje al mundo a mi hijo Darwin, el 4 de abril de 2001. Fui al hospital por una revisión de rutina y me conectaron unos sensores con parches en el vientre para escuchar al bebé. De pronto los médicos se miraron con cierto nerviosismo. Les pregunté qué sucedía y no me respondieron. No escuchaban el corazón de mi hijo y en ese momento tuvieron que practicarme una cesárea de emergencia. Aún no llegaba mi ginecólogo ni el pediatra. Sentí miedo y soledad porque mis padres y mi entonces marido no estarían para el parto. ¡Aún no lo esperábamos! Por la Gracia de Dios todo salió perfecto a pesar de tener placenta previa que, según entendí, es cuando ya se "pasó de tueste" la placenta y comienza a calcificarse, por lo que no es posible alimentar al bebé. Al nacer, le pedí música al anestesiólogo y la canción que escogió fue "Los Reyes del mundo" de la película *Romeo y Julieta* ("Les rois du monde"), realmente enaltece al ser humano y te hace vibrar. Cada que la escucho recuerdo ese milagro de vida y sobrevivencia como si fuera ayer.

Los milagros no son inalcanzables, como muchos piensan; ellos operan a través de ti, de mí y de cualquiera. Si estás en sintonía, los puedes vivir, vibrar y realizar en ti y en los demás. Todo depende de tu conexión con la divinidad, los pensamientos que tienes y tus creencias. "Lo que crees, lo creas", está comprobado. ¿Te sientes merecedor de un milagro en tu vida por el simple hecho de ser hijo de Dios? ¿Puedes ser un canal en la vida de otros? Mi vida, simplemente es un milagro. Y la tuya y la de todos también. Y en lo que a la mía se refiere, les puedo decir que Dios me ha salvado varias veces de situaciones y crisis que han puesto en peligro mi vida.

Creo que no exagero cuando le digo a la audiencia en algunas pláticas y conferencias "que estoy viviendo horas extra" y a continuación verán por qué.

Mi primera crisis existencial fue a los 18 años, cuando tenía que decidir qué carrera estudiar. Desde que recuerdo, he sido indecisa… ¡Hasta para comprar zapatos! (son mi adicción, además de los libros, y como ya no me caben, los guardo junto a mis zapateras). Estaba entre psicología o comunicación. Y, como me costaba tanto elegir, entré en conflicto. La cabeza me daba vueltas, al grado de no quedarme sola en una recámara porque sentía una angustia tremenda de que me podía morir. En posición fetal en la cama, le pedía a mi mamá que no me dejara sola hasta que me quedara dormida. Después de varios días con esos síntomas, me llevó con un psiquiatra, amigo de la familia, quien me recetó un medicamento por algunos días. Todo pasó y afortunadamente el destino decidió por mí: gracias al buen promedio en mis calificaciones en la preparatoria, me ofrecieron una beca para la Universidad Nuevo Mundo y como no impartían la carrera de psicología, estudié Ciencias y técnicas de la información. Después me desempeñé como periodista y, hoy, de alguna manera, practico la Psicología en las conferencias, pláticas y entrevistas que realizo.

Mi segunda crisis fue una relación amorosa con un chavo que me dejó plantada para casarme. Era una persona violenta, inconsciente, que puso en peligro nuestras vidas en varias ocasiones. Por ejemplo, sacaba una pistola para disparar al cielo cuando estaba borracho; golpeaba a todo aquel que se le ocurriera saludarme o sacarme a bailar cuando salíamos de noche, y pasaba por mí en motocicleta (a pesar de que mi mamá me lo tenía prohibido), y yo, tontamente, me subía a su moto en minifalda y sin casco para salir a pasear y provocar a los policías para empezar una persecución. ¡Ésa era nuestra diversión! Gracias a Dios, nunca me pasó nada malo. Mis padres me mandaron a Guadalajara con unos tíos cristianos para separarme de él, pero eso sólo nos unió más. Me fue a visitar y trató de raptarme. Una noche traté de olvidarlo, pero acabé en un hospital por tomar un caballito de tequila. La cosa es que estaba tomando un medicamento antiparásitos para el estómago y al mezclarlo con el alcohol me provocó una reacción súper muy negativa y empecé a convulsionarme. Afortunadamente, mi primo me llevó al hospital a tiempo y gracias a eso pudieron salvarme la vida.

Años más tarde tuve otra crisis: viví un divorcio que me ocasionó una depresión en la que, por orgullo y miedo, mostré lo opuesto al dolor y a la tristeza. Enmascaré mis verdaderos sentimientos de soledad y descontento con fiestas, compromisos y una falsa alegría. Iba a reventones acompañada de supuestas amistades que sólo me usaban, pero no me querían. También me volqué de lleno en el trabajo para no pensar en mi situación sentimental. Es decir, vivía una fuga de realidad para no sentir el vacío y el dolor. Estaba lejos de Dios. Tuve una pérdida de identidad y vivía una profunda soledad. Yo le llamo "muerte espiritual". Era como estar muerta en vida y sobrevivir por autopropulsión. Después conocí a mi siguiente víctima… perdón, a mi siguiente pareja: un ingeniero civil muy interesante, serio y formal. Yo quería saber qué se sentía que me mantuvieran económicamente por primera vez en mi vida, pero resultó desastroso. Era muy controlador y posesivo. Aunque me puso en "jaula de oro", pagué un precio muy alto. Me corrió de la casa por llegar a la una de la mañana de la fiesta de una amiga. Era la primera vez que salía de noche sin él, después de ocho meses de vivir juntos. Finalmente, terminé con nuestra relación de tres años, porque lo sorprendí en una infidelidad gracias a una llamada anónima. En esos momentos sentía que mi vida se acababa. Mi grado de codependencia era tal, que llegue a creer que mi vida sin él ya no tenía sentido. Hasta dejé mi mejor trabajo en Miami, porque queríamos casarnos y vivir juntos. Fue la tercera depresión en mi vida. Pero por la Gracia de Dios asistí a un retiro espiritual de cuarto y quinto pasos de AA llamado "Agua Viva", donde me salvaron nuevamente. Allí conocí a Dios. Fue la diferencia entre sólo creer y sentir una profunda comunión con Él. La diferencia entre creer en Él y conocerle. Cara a cara.

El último episodio de crisis y riesgo que tuve fue en mayo de 2010, en Acapulco, Guerrero. Fui con otra ex pareja a una boda. Saliendo de ahí, pasamos a la famosa disco, Baby'O, para saludar a unos amigos. Un par de horas después, al irnos, decidí manejar, porque mi novio había bebido demasiado. Un auto comenzó a seguirnos y al percatarme, me hice a un lado para dejarlo pasar, pero se estacionó detrás de mí. Más adelante intenté perderlo, metiéndome en la gasolinera de Joyas de Brisamar, donde mi hermana tenía una casa. Me escondí en un callejón trasero. Creí que los había perdido, pero no fue así. Aceleré a fondo hasta entrar al fraccionamiento, creyendo que ahí estaría segura, pero iban tan pegados a mi auto, que el guardia creyó que eran mis escoltas y lograron entrar. La persecución comenzó adentro del complejo residencial.

Comencé a llorar y mi instinto de sobrevivencia me llevó a rezar el "Padre nuestro" en voz alta. Mi ex estaba dormido. No podía ayudarme. Le grité, pero no entendía la situación. Conforme rezaba, escuchaba una voz que me decía: "Izquierda, derecha, avanza..." Empecé a seguir las instrucciones de esa voz clara. Llegué a una calle muy empinada y llena de autos estacionados en ambos lados de las aceras. Los vidrios de mi camioneta eran polarizados. Por eso y porque la pendiente era grande, no podía ver en reversa. De pronto, el auto que me seguía estaba delante de mí e hizo alto total. Otro auto apareció y decidí meter reversa antes de que me aprisionaran. Juré que iba a chocar contra alguno de los autos estacionados.

Mi reacción ante el miedo siempre era paralizante, hasta que fui a ese retiro espiritual. A partir de ahí, el Espíritu santo me ha guiado de manera consciente.

¡Increíblemente, no me paralicé! Aceleré por última vez siguiendo las instrucciones de esa misteriosa voz y logré perderlos. Entré en el *garage* y cerré bien la casa. No pude dormir, me la pasé pegada a la ventana para asegurarme de que no intentaran entrar, porque mi camioneta podía verse a través de la reja y temía lo peor. Llamé a Porfirio Patiño, director de Univisión México (en aquel entonces mi jefe, hoy amigo del alma), para pedirle ayuda. Mandó en mi auxilio al corresponsal de Guerrero, quien llegó con dos policías ministeriales, quienes me comentaron que fue un intento de secuestro y que ése era el *modus operandi*: seguir a las personas que se ven "bien vestidas" cuando salen del Baby'O, y encajonarlas entre dos autos para "levantarlas". Pero esa misteriosa voz me salvó. Fue otro milagro.

Desde que decidí hacerle caso a esa voz y escucharla con el corazón, todo ha cambiado para bien en mi vida. He fluido como nunca, me siento acompañada y amada. Esa voz es la misma que me pidió que escribiera este libro. Comencé a redactarlo, pero lo dejé y tardé un par de años en retomarlo. Le di prioridad a mi trabajo como conductora de *Al extremo*, porque pensaba que no tendría credibilidad o sería demasiado cursi o ridículo para una "periodista seria, que debe ser tan objetiva como para hablar de milagros que dependen del mundo subjetivo de la fe". Y no fue hasta que salí de Azteca US por un despido masivo, que decidí terminar lo que había dejado incompleto. Aprendí que cuando no te mueves de tu zona de confort, la vida lo hace por ti. Es lo que yo llamo "una bendición disfrazada de tragedia", como también a lo sucedido con mi familia en la "Chaponovela", ya que hoy estamos más unidos que nunca, y crecimos juntos gracias a esta absurda cacería política. Ahora también sé que no estoy loca… bueno, ¡un poco!, pero sé que esa voz que escucho proviene de Dios, del Espíritu Santo o de una divinidad que, al cumplir con su voluntad, abre mis caminos. Todo fluye y si fluye, viene de Dios.

Existen varias influencias en mi vida que han sido muy importantes para mi toma de conciencia y mi crecer espiritual. Algunas son personas, otras, lugares y, también, libros. En mi familia hay algunos miembros que se han dedicado a difundir la palabra de Dios y obrar por su gracia divina. Mi bisabuela era vidente y mi papá fue seminarista. Así que quizá mi cercanía con hechos sobrenaturales y mi amistad con Dios viene de ellos. Según mi madre, yo heredé ese "talento" de ver cosas más allá de lo físico. Pero lo importante no es de dónde venga, sino para qué propósito. Y siempre es para servir a Dios y al prójimo.

Asimismo, hay lugares que me han marcado profundamente en esta trayectoria. En diciembre de 2016 fui a Tierra Santa con mi padre e hijo. Este viaje me alentó a terminar el libro. El haber estado en los lugares donde Jesucristo realizó varios milagros me hizo comprender la posibilidad de que existieran los milagros en mi vida. Decidí abrirles la puerta de mi mente y corazón. Creo que en todo Israel ocurren revelaciones divinas. No importa la creencia religiosa o espiritual de la persona, ahí se dan manifestaciones de Dios de las que más adelante hablaré, y pueden marcar el sendero de aquel que abra su mente y corazón.

Sobre la influencia de los libros, Dios ha puesto en mi camino: *Un Curso de Milagros* (cuya abreviatura es UCDM), un texto maravilloso que dio la explicación científica para mi "locura". Me brindó las bases y la inspiración para acabar de escribir este libro, al ponerme como testigo de varios milagros. Entre ellos, la desaparición de un quiste de ocho centímetros en mi ovario, cuando apenas llevaba la tercera clase del curso. Mi gineco-oncóloga asegura que se trató de "un milagro médico".

Semanalmente nos reunimos en mi casa aproximadamente diez personas, para aprender, leer y practicar las lecciones de UCDM. Somos un grupo sediento de milagros en nuestras vidas, tratando de formar una "mente recta", para ser merecedores de toda la abundancia del Reino de Dios, como dignos hijos de Él.

Recuerdo que hace varios años leí otro libro maravilloso: *El abrazo del Padre*, de Danilo Montero. En cuyo prólogo, Marco

A. Barrientos dice que ha nacido una nueva generación de comunicadores al servicio de Dios para sanar:

> Dios está levantando una generación de jóvenes comunicadores latinoamericanos que están trayendo un mensaje de reconciliación, aceptación y sanidad a un pueblo carente de autoestima y de un sentido de destino a causa de su orfandad espiritual.[1]

Inmediatamente me sentí identificada y dije: "Yo quiero ser de ésos." Y así fue, mi anterior libro: *Sexo, la puerta a Dios*, habla de la reconciliación entre hombres y mujeres para dejar de pelear y de tener relaciones con guerras de poder; tan comunes en estos tiempos con la independencia de la mujer. Recuerdo también la gran empatía y admiración que sentí por Neal Donald Walsch, cuando leí su libro: *Conversaciones con Dios*. Lo conocí en el Colegio de Ingenieros Civiles en la Ciudad de México, cuando se presentó en una conferencia y le pedí un autógrafo. Me lo dedicó dirigiéndose a mí como "La chica de la paleta", porque yo traía una *Tutsi* en la boca mientras lo escuchaba. La dulzura que sentí por su mensaje, su barba blanca y su mirada, fue inmensa. Me impresionó saber que él había sido un indigente que, tras perder todo, escuchó la voz de Dios y éste le dictó ese libro que está dirigido a gente "especial".

Hoy sé que Dios no elige a los preparados, sino que prepara a los elegidos. Así que no te preocupes por esa voz que proviene de tu ego y que te dice que no puedes ser un hacedor o merecedor de milagros. Este libro te puede ayudar a reconectarte con la gracia y luz interior de Dios, que te permitirá volar muy alto sin crear límites, sentir miedos ni culpas. Mi intención es que estas historias te hagan abrir tus alas y sacudirlas de todo impedimento para brillar, ser pleno y feliz.

Tengo dos años cursando UCDM y veo la diferencia: muchos miedos han desaparecido y tengo más control sobre mis pensamientos. He aprendido a perdonar más y mejor: inmediatamente, sin necesidad de largas y costosas terapias psicológicas. Las sanaciones con Theta Healing y Reiki que practico a mis pacientes son más poderosas desde que tomo el curso. Desde luego, las realiza Dios, yo sólo soy un canal.

Comparto estas historias con la intención de que sepas con certeza que eres merecedor de milagros. Que eres un hacedor de milagros. La naturaleza y energía de éstos es sutil, pero poderosa. Aunque no necesariamente son espectaculares, apantallantes o mágicos. Pero si estamos abiertos a ellos y a su energía, si experimentamos una "mente recta", estaremos en sintonía con ellos. No importa tu pasado ni tu estado físico o emocional actual. Siéntete merecedor de ellos, de recibirlos. Este libro es una humilde guía para decirte cómo "levantar tu antena para atraerlos". Creo que a todos de alguna u otra forma, Dios nos concede un indulto cotidiano, un milagro que nos da la oportunidad de vivir mejor cada día. Nos regala la capacidad de elegir, es decir, el libre albedrío. Y tú, ¿haces buen uso de ese regalo? Aunque en muchas de estas páginas hable de mi vida para ejemplificar, aclarar y mostrar los milagros, lo hago con el propósito de crear una guía. ¿Estás listo?

[1] Montero, Danilo. *El abrazo del Padre. Cómo encontrar la comunión genuina con Dios.* Prólogo de Marco A. Barrientos. Casa Creación.

CRISIS DE FE

Desde mi experiencia periodística, las tragedias del ser humano, todas, excepto los desastres naturales, son provocadas por otro ser humano, no por Dios. Se producen por nuestra falta de fe y conexión con nuestra divinidad. Por estar desconectados de Dios y no creernos merecedores o dignos de su amor infinito y misericordioso. El que mata, viola, roba, secuestra, extorsiona, trafica con personas o drogas, incluso quien consume drogas o cae en excesos de todo tipo, no se siente digno del amor o perdón de Dios. Quizá ni siquiera confía en un Poder superior y ha usurpado ese lugar que no le corresponde. Juega a ser Dios, en vez de entregarle su vida y voluntad a ese Poder superior. Vivimos en una sociedad que se siente culpable donde, en ocasiones, las religiones (sobre todo la Católica), nos han inculcado el concepto de un Dios castigador y lejano que nos da nuestro merecido por ser "pecadores". En UCDM no existe el pecado sino el error. No existe la culpa sino la responsabilidad.

Es importante saber que tienes el poder de romper el círculo vicioso de quien te dañó, salir del rol de víctima y asumir tu poder creador. Ahí empieza tu milagro. No existen víctimas, existen voluntarios. Somos nosotros los que nos colocamos en situaciones de riesgo de ser lastimados, por "ponernos de pechito". La mayoría de las situaciones que vivimos son producto de nuestros pensamientos y acciones. El verdadero crecimiento espiritual consiste en hacernos cargo de lo nuestro, o sea, hay que "barrer nuestro lado de la banqueta" y hacernos responsables de nuestros actos, sentir y pensar para vivir en serenidad con el prójimo.

Recuerdo que una de las primeras entrevistas que realicé, cuando recién empezaba mi carrera, fue al periodista Ricardo Rocha. Me llamaron la atención dos temas que me comentó. Primero, que la Madre Teresa de Calcuta era neurótica, gritaba mucho y había maltratado a varias personas. Nunca imaginé que esa mujer de noble corazón y gran espiritualidad pudiera perder los estribos y explotar así. De ahí comprendí que somos luz y sombra y que no existe la perfección. Por lo que no hay que idealizar a personas o celebridades, porque en algún momento nos van a fallar. Hay que seguir principios espirituales que son universales y a Dios; porque ellos no fallan, son inmutables, eternos, inalterables, permanentes e infalibles. Segundo, Rocha me dijo que, como periodistas, nunca debemos perder la capacidad de asombro. Esto se quedó en mi memoria para siempre. Y no sólo se refería a la carrera, sino a nuestra vida personal. Y es que a veces damos por hecho las bendiciones más elementales que tenemos como: respirar, caminar, trabajar, etcétera.

El mismo Albert Einstein habló de la capacidad de asombro:

Mi religión consiste en una humilde admiración del ilimitado espíritu superior que se revela en los más pequeños detalles

que podemos percibir con nuestra frágil y débil mente (...).
La más bella y profunda emoción que nos es dado sentir es
la sensación de lo místico. Ella es la que genera toda verda-
dera ciencia. El hombre que desconoce esa emoción, que es
incapaz de maravillarse y sentir el encanto y el asombro, está
prácticamente muerto.

También la Biblia habla de la capacidad de asombro. Jesús dijo: "De cierto os digo que si no os volvéis y os hacéis como niños, no entraréis en el reino de los cielos." (Mateo 18:3).

Cotidianamente en los noticieros hablo de víctimas de muerte y a veces la gente cree que los comunicadores nos volvemos insensibles por el simple hecho de que es "el pan de cada día". En mi caso, no. Todo lo contrario. Me siguen asombrando mucho, inclusive me he vuelto hipersensible al dolor ajeno. La televisión y sus imágenes violentas son penetrantes y si no practicara la meditación, creo que ya estaría en la cárcel, el psiquiátrico o en la morgue. Necesito constantemente desechar y limpiar en mi psique lo que veo, escucho y comento. No importa de cuántos muertos hablemos a diario, ni yo ni nadie somos inmunes a las noticias trágicas. Aunque parezca que nos estamos volviendo insensibles, nuestro inconsciente guarda cada emoción, pensamiento y sentimiento de dolor, rabia, frustración, muerte, pánico, etcétera.

A nivel consciente, esa capacidad de asombro cede cuando vemos, por ejemplo, que la gente se dedica a grabar con su celular una pelea, un secuestro, un suicidio, ataques, golpizas y bullying, en vez de intervenir o hacer algo para no convertirnos en silenciosos cómplices. Nos estamos acostumbrando a lo malo simplemente porque lo vemos como algo cotidiano, algo "normal", cuando no lo es. La crisis de fe que vivimos a nivel mundial es la responsable del aumento en homicidios, asaltos, secuestros, las adicciones y el suicidio, sobre todo en jóvenes.

En una entrevista que le hice al brillante doctor Alfonso Reyes Zubiría, experto en suicidio y padre de la Tanatología en México, me aseguró (a pesar de ser un científico) que atrás del suicidio existe una ausencia de Dios. Me impactaron sus palabras. Me encanta saber que, cada vez más, la ciencia y la espiritualidad convergen en sus opiniones. Es como si la ciencia y la espiritualidad se unieran para decirnos: "Acércate a Dios para encontrarle sentido a la vida."

Estas palabras confirman esa crisis de fe que atravesamos, y no me refiero a alguna práctica religiosa, sino a vivir una relación íntima con nuestro Dios o Poder superior como cada quien lo conciba. Ese vacío generado por la falta de fe lleva al ser humano al caos, a la enfermedad física, emocional y a la autodestrucción, tarde o temprano. El ser humano se ha perdido dándole prioridad a lo material, lo banal, lo superficial. Buscamos en lo externo nuestra felicidad, cuando se encuentra en nuestro interior. Pero no sabemos reconocerlo en completa sencillez y humildad, no sabemos o no queremos cerrar los ojos para revisarnos y dejarnos sentir por dentro.

Hay una gran crisis de fe a nivel mundial. Los jóvenes lastiman sus cuerpos para sentirse vivos, para castigarse o llamar la atención, grabándose en retos peligrosos, con tal de tener sentido de pertenencia. Y esto es porque no se sienten amados, respetados o valorados en sus hogares. Están haciéndose adictos al sufrimiento y solamente sintiendo dolor se sienten vivos. Para muchos no existen héroes a quien admirar y por eso admiran a otros jóvenes irreverentes y osados que ponen sus vidas en peligro. Esa misma crisis de fe es la que lleva a los terroristas a cometer atentados contra inocentes. Pasaron de la ausencia de fe al fanatismo. Creen que esos supuestos actos heroicos los acercarán a su "Dios". La gente cree más en el culto a su ego y caprichos que en Dios. El materialismo, que es otro de los síntomas de la ausencia de fe, es lo que parece regir a este mundo donde se prefiere pisar al otro y pasar por encima de él, que quedarnos sin lo nuestro.

La creadora del sistema de sanación Theta Healing, Vianna Stibal, nos dijo en una plática que dio en el Hotel Four Seasons de la Ciudad de México, que éste es un país donde las sanaciones y milagros pueden darse con mayor facilidad, debido a que México es un pueblo de gran fe.

Vianna creó esta poderosa técnica de sanación en 1995, después de haberla probado con ella misma al haber sido diagnosticada con un cáncer agresivo que estaba destruyendo su fémur derecho. Después de probar muchas terapias convencionales y alternativas, se sanó a través de este método el cual, asegura, le fue dictado por Dios. Comenzó por ella misma y después se lo aplicó a cientos de pacientes, participando en milagrosas sanaciones en el mundo entero. Es un proceso que proporciona curación física, emocional, psicológica y espiritual a través de las ondas cerebrales theta, a las que accedemos mediante una meditación-oración, para llegar al "Creador de todo lo que Es". El estado theta para la curación es un estado de relajación profundo, utilizado en la hipnosis y el sueño. Las ondas theta son el subconsciente y rigen la parte de nuestra mente donde residen nuestras creencias, sensaciones, memorias, actitudes y comportamientos.

¡México debe despertar a este llamado de fe!, creernos ese poder que tenemos de sanarnos a nosotros mismos, después a los cercanos y así a nuestra violenta y lastimada tierra.

Y es que otro de los temas que van de la mano con la fe es que el Dios en el que cree la mayoría de la gente, es un Dios obsoleto. Ya no sirve para llevar una vida feliz, en paz y servicial al prójimo en estos tiempos que vivimos con mayores retos, peligros, acelere y alto nivel de destrucción. Se necesita reinventar uno nuevo, crearlo y concebirlo como se sugiere en Alcohólicos Anónimos. Un "Poder superior" que sea suficientemente poderoso, útil y cercano a cada persona, que tenga los atributos que cada quien necesite; porque el Dios en el que se ha creído hasta ahora, ha fallado o no ha bastado.

A propósito de esto, Juan Pablo II dijo que la agrupación Alcohólicos Anónimos era el milagro del siglo XXI. Esto, por la cantidad de personas que, a nivel mundial, se han recuperado de las adicciones gracias al poderoso programa de Doce pasos; cuyos principios espirituales funcionan también para la recuperación de la codependencia, desórdenes alimenticios, neurosis, depresión, adicción al sexo, compradores o jugadores compulsivos o cualquier enfermedad emocional.

De hecho, he sido testigo de cientos de milagros ocurridos en los grupos de Doce pasos en donde he brindado servicio y he militado para mejorar mi vida y conocerme. Todo tipo de personas asisten a estas reuniones de sanación: secuestradores, narcotraficantes, homicidas, violadores, alcohólicos, drogadictos, comedores, jugadores, compradores compulsivos, codependientes, depresivos, etcétera. He visto a todos ellos renunciar a cualquiera que sea su adicción y dejarla de un día para otro con ayuda de su Poder superior. Eso es un gran milagro. Y es que si analizamos las promesas del programa de Doce pasos, podemos constatar que éstas son milagrosas:

> Si nos esmeramos en esta fase de nuestro desarrollo, nos sorprenderemos de los resultados antes de llegar a la mitad del camino. Vamos a conocer una libertad y una felicidad nuevas. No nos lamentaremos por el pasado ni desearemos cerrar la puerta que nos lleva a Él. Comprenderemos el significado de la palabra serenidad y conoceremos la paz. Sin importar lo bajo que hayamos llegado, percibiremos cómo nuestra experiencia puede beneficiar a otros. Desaparecerá de nosotros ese sentimiento de inutilidad y lástima. Perderemos el interés en cosas egoístas y nos interesaremos en nuestros compañeros. Se desvanecerá la ambición personal. Nuestra actitud y nuestro punto de vista sobre la vida cambiarán. Se nos quitará el miedo a la gente y a la inseguridad económicas. Intuitivamente sabremos manejar situaciones que antes nos desesperaban. De pronto comprenderemos que Dios está haciendo por nosotros lo que por nosotros mismos no podíamos hacer.

Para que seamos felices y nos reconciliemos con nosotros y con toda la creación, se necesita, urgentemente, generar y encontrar hambre de Dios. Y este libro puede ser una humilde inspiración y guía para que tú comiences hoy.

¿Qué es un milagro?

Navegando en internet me encontré con varias definiciones y conceptos interesantes que varían según las creencias religiosas. A grandes rasgos, un milagro es una situación, fenómeno o acción que no puede explicarse a partir de principios naturales y que, por lo tanto, es atribuido a la participación de una entidad divina.

Los católicos definen el hecho milagroso como aquel que no tiene explicación científica. Si se asegura que un milagro ha sido realizado por un fallecido, el Vaticano puede beatificar y canonizar a la persona responsable.

Para los cristianos, los milagros son eventos que exceden lo natural y suponen una manifestación del amor que Dios siente por las personas. Los teólogos del cristianismo no creen que haya que buscar pruebas científicas para comprobar o certificar la presencia divina en la Tierra.

El ateísmo sostiene que los milagros están vinculados a la carencia de sentido común. No se trata de una intervención sobrenatural, sino de eventos que escapan a la comprensión humana por falta de conocimientos e información.

La ciencia afirma que la participación de un ente todopoderoso en el mundo físico no puede ser analizada a partir del método científico, ya que no es posible comprobar la existencia de Dios a través de ensayos o experimentos.

Para el psicoanalista Sigmund Freud, es necesario eliminar de nuestras sociedades el concepto de milagro y buscar en lo posible, resultados imparciales que no atenten en contra de nuestra objetividad. Para otros científicos, los milagros no existen, ya que para que algo "sea" en la ciencia, debe ser demostrado por la lógica.

Sin embargo, para el científico alemán más famoso del siglo XX, el Premio Nobel de Física, Albert Einstein, a pesar de saber que no podía conocer a Dios, ser agnóstico, creía en la existencia de un Poder superior:

"Todo aquél que está seriamente comprometido con el cultivo de la ciencia llega a convencerse de que en todas las leyes del universo está manifiesto un espíritu infinitamente superior al hombre, ante el cual, con nuestros poderes debemos sentirnos humildes." (Entrevista publicada en la revista *The Saturday Evening Post*).

Asimismo, el brillante científico defendió y admiró la figura de Jesucristo:

Soy judío y estoy orgulloso de pertenecer a la comunidad judía, aunque no los considero en absoluto los elegidos de Dios (...), soy un judío, pero estoy fascinado por la figura luminosa del Nazareno (...). Algunos ponen en duda que Jesús haya existido, pero yo lo acepto incuestionablemente. Nadie puede leer los Evangelios sin sentir la verdadera presencia de Jesús. (Entrevista publicada en la revista The Saturday Evening Post).

Einstein creía en el Dios panteísta del filósofo holandés Baruch Spinoza; es decir, un Dios impersonal, sinónimo de naturaleza y universo: "Yo creo en el Dios de Spinoza que se revela en la armonía ordenada de lo que existe, no en el Dios que se involucra él mismo con los destinos y acciones de los seres humanos."

(Entrevista del rabino Herbert S. Goldstein a Einstein, publicada en 1930 en el libro *Glimpses of the Great* de G.S. Viereck). Es decir, apoyaba la idea de un Dios creador, pero no malicioso ni castigador, un Dios que está más allá de la acción humana: "Dios es un misterio, pero un misterio comprensible. No tengo nada sino admiración cuando observo las leyes de la naturaleza. No hay leyes sin un legislador." (*Einstein and the Poet: In Search of the Cosmic Man*, de William Hermanns, 1983). Y respecto a los milagros y la capacidad de asombro pronunció esta bella frase: "Hay dos maneras de vivir la vida: una como si nada fuera un milagro, la otra, como si todo fuera un milagro."

La palabra milagro, antiguamente *miraglo,* encuentra su origen en el latín *miraculum,* que significa admirarse o contemplar con admiración. Desde el punto de vista etimológico, la palabra milagro no indica relación necesaria con una cierta intervención divina, sino que se liga al asombro, a lo extraordinario y maravilloso. Para mí, un milagro es cualquier suceso sorprendente, maravilloso o fuera de lo ordinario que me reconecte con el amor de Dios y me recuerde que vive en mí. Puede ir desde lo más sencillo y discreto como una "Diosidencia", hasta la más espectacular manifestación. La única comprobación que necesito es experimentar mi poder personal, gracia, paz, gratitud o felicidad.

Aquel suceso o encuentro con lo divino, que me despierte y recuerde que soy hija de Dios, creada para crear y ser feliz, sin importar mis errores o pasado. El milagro puede ser aislado (yo con Dios) o bien puede manifestarse donde intervenga un tercero ya que Dios vive en mí y en el otro.

Desde que tomé el Curso de milagros vivo con menos miedo y más amor. Inclusive ahora que estoy desempleada, le agradezco infinitamente a Dios por el tiempo para crear este libro.

Según UCDM, un milagro es cuando la voluntad de Dios y del individuo o conjunto de individuos coinciden. Es decir, mi voluntad y la de Dios son una. El milagro sustituye un aprendizaje que podría durar miles de años. Existe una perfecta igualdad entre el que da y el que recibe el milagro. Es un gesto de amor entre iguales, entre Hijos de Dios. Jesús es como nuestro hermano mayor que, en la jerarquía hacia la ascensión divina, está por arriba de nosotros y por debajo de Dios Padre para servirnos como intermediario y hacer más pequeña esa distancia. Es decir, Jesús acorta la distancia entre Padre e hijos.

Lo que nos limita a presenciar y ser dignos de milagros es nuestra creencia de que estamos separados de Dios, cuando en realidad somos uno con Él. No nos sentimos dignos de su amor y poder por el concepto de pecado que comienza en nuestra psique con el "pecado original". Para UCDM, el pecado no existe, sólo existe el error y éstos pueden deshacerse a través del perdón y la bendición. Perdonarnos en primer lugar, después, al "ofensor". No existe tal separación de Dios. Fuimos creados a su imagen y semejanza. Jesús nos dice: "No hay nada respecto a mí que tu no puedas alcanzar." Los milagros provocan una cadena de expiación (perdón universal) y ésta deshace todos los errores extirpando las raíces del temor. Para que sucedan, dependen de nuestra voluntad para ser partícipes o beneficiarios de ellos. Siempre y cuando estemos decididos a unirnos a la voluntad de Dios y creer en realidad que nuestra voluntad y la de Dios son una misma.

Es necesario "cambiarnos el chip" mental y emocional, o sea, nuestra percepción, porque ésta define nuestro comportamiento. Debemos mirar a través de la percepción de nuestro propio potencial de santidad a todos los demás con su respectiva santidad. Los milagros se gestan en la mente de quienes están listos para ellos, el milagro sitúa a la mente en un estado de gracia. El espíritu está eternamente en estado de gracia. Nuestra realidad es únicamente espíritu. El milagro restablece la conciencia de la realidad. Y, ¿cuál es esa realidad? Que somos hijos de Dios. Y Él, a través de este maravilloso curso, nos dice: "¡Úsame!"

Entrevistas sobre milagros

A continuación, presento una serie de entrevistas que realicé a personas que considero especiales en mi vida; espirituales, congruentes y admirables por la forma en que superaron obstáculos o tocaron fondo y salieron adelante a través de milagros en sus vidas.

Amin Saiden: empresario, buscador y guía espiritual; su familia practica la religión Cristiana ortodoxa.

¿Qué es para ti un milagro?

Una señal de amor de Dios para los que nos resistimos a creer en Él.

¿Esa señal debe ser extraordinaria o puede ser sutil?

Todo es un milagro para el despierto o consciente y nada lo es para el inconsciente. Todos los días recibo señales sutiles; por ejemplo, estar vivo dentro de la probabilidad de que existiera vida en el planeta y que después de millones de años de evolución llegaran a nacer mis padres y sus padres, y que entre millones de espermatozoides haya ganado el mío al fecundar el óvulo de mi madre... Esto es sutil para el inconsciente, pero extraordinario para el consciente o despierto. A veces el milagro más evidente no lo es para el inconsciente.

Giovanni Roustan: estilista, maquillista, creador de imagen y del concepto "Imagen transformacional"; conferencista, autor y consultor de belleza; cristiano.

¿QUÉ ES UN MILAGRO PARA TI?

Aquellos sucesos sobrenaturales que no comprendes en el área terrenal, sólo en el espiritual. Tenemos el don de la palabra, y es un arma de doble filo que atraviesa cualquier cosa, porque la fe mueve montañas.

¿QUÉ TIENE QUE VER LA PALABRA CON LOS MILAGROS?

Con la palabra y autoridad puedes reprender cualquier espíritu de enfermedad, depresión, de muerte, ansiedad, desesperanza, tristeza o pobreza, por ejemplo, estos comportamientos o cosas negativas se desechan y ese vacío debe llenarse con lo opuesto: esperanza, amor, felicidad, riqueza, poder o salud. Aquello que creas posible y profundamente desde tu corazón, sucederá. Cuando sincronizas el propósito de tu mente con la pasión de tu corazón y el significado de tu espíritu, logras cosas impresionantes o sobrenaturales.

¿HAS VISTO MUCHOS MILAGROS EN TU VIDA?

Muchos. Sólo por dar un ejemplo, en marzo de 2013 decreté conocer al hombre más poderoso del mundo y dos meses después Dios me concedió el anhelo no sólo de conocerlo sino de trabajar su imagen durante su estancia en México. Fue en una entrevista para Univisión; donde tú, Vero, me invitaste a trabajar como tu maquillista y peinador. También maquillé y le corté el cabello a Barack Obama en el Museo de Antropología, minutos antes de ser entrevistado por María Elena Salinas. En la portada de varias revistas, periódicos y entrevistas se publicó que yo era el mexicano más buscado por el ex presidente de Estados Unidos. Desde entonces, mi suerte cambió, publiqué mi libro *Look millonario*, que se convirtió en best seller y he sido el único ser humano en mi país que se ha presentado en el Foro de Expertos de Negocios en Harvard, donde impartí una conferencia llamada *Look millonario*, donde aplico la frase: "1% de duda es 100% de fracaso."

APARTE DE TENER ESA CERTEZA Y FE, ¿QUÉ OTRO INGREDIENTE DEBE DE HABER EN UN MILAGRO?

La gratitud. Dar gracias a Dios porque ya está hecho, aunque aún no lo tengas.

PERO ESO ES CUANDO ESTÁS CONSCIENTE DE LO QUE QUIERES. ¿QUÉ PASA CUANDO RECIBIMOS MILAGROS DE SALUD Y, POR EJEMPLO, SE DIERON SIN AGRADECERLOS O DARLOS POR HECHO?

Están en nuestro subconsciente y desde ahí los pedimos y los anhelas. En algún momento lo pediste sin saberlo.

Esther Morales: tanatóloga, experta en adicciones; fundadora del movimiento Agua Viva (grupos de 4o y 5o pasos de AA, para recuperación de adicciones y enfermedades emocionales), sobreviviente de cáncer; católica.

¿QUÉ ES UN MILAGRO?

Para quienes saben la definición de milagro es un suceso extraordinario, fuera de la lógica. Para mí, los milagros suceden diario, están en todas partes, son tantos, que muchos de ellos ni siquiera los distinguimos: desde la flor que se abre en la mañana y muere por la noche, hasta la sanación de una enfermedad mortal de manera espontánea. Me atrevo a asegurar que todos hemos sido testigos de un milagro, yo soy uno, ahora sirviendo en otro país (Agua Viva, en Chicago) con personas que acabo de conocer quienes creen en un movimiento que ha salvado sus vidas y que surgió por necesidad con unas cuantas personas que hoy son miles.[2]

Mi destino era la locura o la enfermedad, debido al pasado tan doloroso que tuve, y un milagro o muchos, me tienen salvándome a través de otras personas. Día a día soy testigo de milagros en personas que, como yo, eran gobernadas por una obsesión y con este trabajo que hacen, logran su liberación y detrás de ella la de muchos más. Tú eres un milagro, hermanita Vero; me has dado tanto amor y has creído tanto en mí, ¡porque sabes cuánto nos parecemos! Todo lo que sucede día con día es un milagro si así lo queremos: respirar, caminar, ver… lo importante es estar atentos, "activar nuestras antenitas", salir del aislamiento, creer que estamos acompañados y formamos parte de un todo inmenso y perfecto que nos da vida y busca todo nuestro bien. Yo le llamo Dios: me conecta contigo y me deja abrazarte a distancia, bendiciones.

Padre Mauricio Custodi: sacerdote agustino; católico.

¿QUÉ ME PUEDES DECIR SOBRE LOS MILAGROS?

Si dejo caer una copa de cristal contra el piso de piedra, ¿se rompe? Sí. Pero si tú y yo oramos mucho, ¿se rompe? Sí. Pero si juntamos a toda una comunidad y hacemos una sola voluntad y lo pedimos con mucha fe, ¿se rompe? ¡Sí! Siempre se romperá porque lo que realmente estamos "pidiendo" es que se alteren todas las leyes de la naturaleza y la piedra deje de ser piedra y el cristal deje de ser cristal, lo mejor será no dejarlo caer.

¿Jesús hizo milagros? ¿Curó a un leproso? Sí. Pero, ¿por qué si tenía ese poder, no curó a todos los leprosos? O, es más, ¿por qué no desterró la enfermedad que tanto dolor trae a los humanos? Tal vez lo que nos dice la Biblia es que somos de naturaleza humana y la enfermedad y el dolor son inevitables, pero Jesús nos enseñó una manera de entender y afrontar el dolor y ese milagro sí está es nuestras manos.

¿QUÉ ES UN MILAGRO PARA TI?

Los milagros son fuerzas y signos, manifiestan el poder y la gloria de Dios. Jesús actúa por compasión personal y por la fe del suplicante, al grado de que a veces, al no encontrar fe, no podía realizar un milagro. Los milagros bíblicos tratan de remediar deficiencias humanas, remover el miedo que nos paraliza, expulsar demonios, curaciones y resurrecciones. La narración de los milagros tiene la finalidad de que el hombre se sienta amado y cercano a Dios, ya que para Dios no hay imposibles. Un milagro es manifestación e intervención de Dios que necesita siempre de la fe y la libertad del hombre. Dios no actúa como poderoso tejedor de la historia del hombre, su intervención necesita de la petición, de la fe y, sobre todo, de la búsqueda de la salvación eterna del hombre. Por eso a veces no tenemos los milagros que tanto pedimos, porque éstos no son ni necesarios ni indispensables para nuestra salvación eterna.

¿Cómo podemos experimentarlos cotidianamente?

El hombre de fe no deja de pasar un solo día sin ver la intervención milagrosa de Dios en su vida. El hombre de fe sabe que él mismo es un milagro del amor de Dios y que su destino y plenitud están en su comunión con Dios. Cada día y cada acontecer lo leemos a la luz de la voluntad de Dios. Ése es un milagro cotidiano y gozoso para el hombre de fe.

¿Podemos vivirlos fuera de la Iglesia?

Claro que podemos vivirlos fuera de la Iglesia, Dios no está contenido ni en una confesión de fe ni en una doctrina. Hace siglos se enseñaba que fuera de la Iglesia no había salvación, entendiendo a la Iglesia como la institución poseedora de Dios. Él se muestra, se manifiesta a todo hombre de buena voluntad.

¿EN LA IGLESIA ES NECESARIA LA COMPROBACIÓN CIENTÍFICA PARA SER CONSIDERADOS COMO MILAGROS?

Más bien, hay hechos que la ciencia no alcanza a explicar. Estos hechos vistos como milagros son un requisito indispensable para declarar la santidad de una persona dentro de la Iglesia.

¿HAS SIDO TESTIGO DE MILAGROS?

Sí. He sido testigo del poder de Dios en la historia del hombre, he visto el milagro de la transformación. No he visto que se alteren las leyes de la naturaleza. En cambio, he visto el milagro en el corazón humano y el de la conversión radical. He sido testigo del milagro del altruismo y de la caridad; del amor real y del perdón absoluto. Esos son los milagros que he visto.

¿HAS REALIZADO ALGÚN MILAGRO?

No, aunque ése es el compromiso cristiano, hacer de mí una señal y un testigo del poder de Dios. No, no he hecho milagros. Pero no pierdo ni la esperanza ni el compromiso de lograrlo, necesito fe, humildad y a Dios en mi corazón y en mis intereses y decisiones.

¿QUÉ INGREDIENTES NECESITA UN MILAGRO?

Un milagro necesita una libertad y una fe que sólo pueden venir de Dios y de una persona que ama. No hay ingredientes como receta infalible, lo que hay son actitudes y conductas muy superiores a las que el mundo puede enseñar.

¿Qué entiendes por Diosidencia?

La manera libre en que Dios participa de nuestra historia, su presencia en nuestra vida, su cuidado y su providencia en nuestro caminar. Dios es tan absoluto y tan totalmente "otro" que, con nuestro lenguaje limitado (para entender y hablar sobre Dios), lo llamamos atinadamente Diosidencia.

Amalia Pérez y Alanís: facilitadora de *Un Curso de milagros*; sobreviviente de cáncer, gracias al curso; católica.

¿Qué es un milagro?

Es un cambio de mentalidad. Modifica nuestra percepción del mundo acerca del error, la culpa y el miedo, invierte la proyección al devolverle a la mente su función causativa, es decir, nos permite elegir de nuevo, trascendiendo las leyes del mundo para reflejar las leyes de Dios.

¿Cuál es tu experiencia con ellos?

Reveladora. Hay un cambió inexplicable, seguridad, amor propio, una metamorfosis en el alma, se toma conciencia. Se crea el sentimiento de sentirme viva y de pertenecer. Recordándome y recordándole al alumno que soy amor; así, se pueden ver las situaciones o personas como una oportunidad de elegir, con ojos de amor incondicional.

¿EL CURSO DE MILAGROS NOS HACE MERECEDORES Y HACEDORES DE MILAGROS?

El verdadero milagro es el amor que nos inspira, todo lo que procede del amor es un milagro. Los pensamientos cotidianos representan el nivel más bajo de la experiencia en la conciencia que nos hace sentirnos alejados de Dios.

Los milagros son el nivel superior que nos acerca a una expresión sublime con Dios. Necesitamos de mucha ayuda para perdonar las imágenes que se manifiestan o se proyectan en nuestras vidas. La mente no puede ser entrenada si uno no está dispuesto a ello, todo depende de uno. Recordar que queremos aprender, es nuestra oportunidad. La formación tiene lugar a nivel de experiencia.

¿CUÁLES HAN SIDO LOS MILAGROS MÁS GRANDES O SORPRENDENTES QUE HAS VISTO EN MÁS DE 20 AÑOS IMPARTIENDO EL CURSO?

Vivía como parte de una familia común y corriente, pero con una sensación de vacío y de abismo. Todavía no cumplía 45 años y me sentía vieja, enferma y frustrada. En medio de una habitación oscura, quería que se abriera la tierra y que yo desapareciera. En ese momento se manifestó algo que yo no comprendía, había una presencia que no tenía forma. Experimenté, primero, temor, pero se fue transformando en una gran luz tranquila, apacible. Fue impactante. Perdón… en este momento no puedo seguir, estoy sacando todas mis emociones. Gracias.

Ariadna Tapia: angelóloga y *Life coach* (guía que asiste a las personas a lograr un proyecto de vida).

¿PARA TI, QUÉ ES UN MILAGRO?

Un milagro puede definirse como un suceso o una serie de sucesos extraordinarios. Los milagros que hacen los ángeles se dan todo el tiempo y de muchas formas, van de lo más simple hasta lo más complejo. Un ángel puede ayudarte, desde encontrar un lugar de estacionamiento, hasta encontrar tu misión o propósito de vida. Yo vivo los milagros de los ángeles cada día, además la vida en sí ya es un milagro. Cuando los ángeles se hacen presentes en nuestras vidas, lo hacen para ayudarnos a mejorar en muchos aspectos. Son nuestros socios de vida, nos aman profundamente, nos exhortan a crecer y a ser mejores cada día, a superar nuestros miedos, a vivir todo lo que vale la palabra.

Para mí ha sido una bendición absoluta haberlos conocido y tener contacto con ellos desde 1995. Fue uno de los milagros más grandes en mi vida el que mi ángel se manifestara por primera vez en esa ocasión y llegara para transformarme. Después, en 2006, pude unificar dos mundos distintos, el del *coaching* con el espiritual, para lograr un mayor crecimiento personal y también ayudar a otros a descubrirse. El milagro de la vida se da cuando te asumes como un ser creado por Dios con absolutas e ilimitadas opciones para crecer y vivir en plenitud. Cuando permites que a través de ti fluya la energía del amor, la canalización de mensajes y la energía positiva, cuando sabes que los malos momentos son sólo eso, momentos, y que, si así lo eliges, cuando ese momento pase, te encontrarás con una versión de ti que desconocías: más asertiva, con más fortaleza y con un mayor despertar.

¿QUIÉN PUEDE OPERAR *MILAGROS*?

Tú eres un hacedor de milagros, eres un canal de Dios y los ángeles para convertirte en un medio a través del cual puedes hacer de este mundo un lugar mejor. Además, nadie está solo. Tenemos tanto al creador, como a los ángeles para que nos guíen y acompañen. Vive y haz de esta vida un milagro.

¿QUÉ EXPERIENCIA HAS TENIDO CON LOS MILAGROS?

Los milagros de los ángeles están en todas partes y aunque yo he sido testigo de muchos de ellos desde hace muchos años, un día tuve la oportunidad de experimentar uno muy de cerca. Era una mañana lluviosa, el 6 de septiembre de 2006, y tomé mi camioneta para dirigirme de Cuernavaca a la Ciudad de México. Aproximadamente diez kilómetros antes de llegar a la caseta de cobro, mi camioneta 4x4 se patinó haciendo varios giros hasta impactarse contra una pequeña construcción de concreto. El impacto estuvo fuerte. Me percaté que el tablero estaba completamente sobre mis piernas y la puerta del lado del conductor literalmente doblada. Ambas condiciones limitaban mi movimiento. En ese momento vi bajar del monte tres niños vestidos pulcramente de blanco. Uno de ellos, el que iba al frente (aparentaba unos nueve años de edad), me dijo: "No te preocupes, ya vienen por ti." Acto seguido, me desvanecí, porque lo siguiente que recuerdo fue haber abierto los ojos cuando los bomberos, los paramédicos y los federales ya estaban tratando de sacarme. El dolor en mis piernas era intenso. En ese momento levanté la mirada y dije: "Arcángeles de luz, salven mis piernas." En ese momento, "mágicamente" se abrió la puerta del conductor y me llevaron al hospital. Me llevaron al área de urgencias y ahí llegó a verme un joven de uniforme verde que me reconfortó. Es extraño que lo diga, pero nunca pude verle el rostro, ya que a la altura de su pecho era como si trajera una lámpara encendida que me impedía verle la cara. Él me hablaba con cierto sentido del humor y me llevó a Rayos X. Más tarde, al llegar el doctor que me iba a operar el brazo izquierdo, le hablé del joven que me llevó a Rayos X y me dijo no conocerlo, enfatizó que sólo había enfermeras de guardia en ese momento. El siguiente milagro fue recuperarme de un esguince cervical después de tres días, también dos costillas rotas y una lesión en el brazo izquierdo. En todo momento sentí la presencia de Dios y los ángeles, tanto por el encuentro con los tres niños, como por el misterioso joven vestido de verde. Ellos y el arcángel Rafael, fueron los ángeles que estuvieron conmigo.

El secuestro de Laura

En 2012, cuando trabajaba como corresponsal especial para Univisión, realicé una nota para *Primer impacto*, ésta contenía unas imágenes y una narrativa muy fuertes, ya que fue escrita como guion para televisión. Laura, reportera y madre de familia, asegura que sus oraciones no sólo la salvaron, sino que lograron transformar las atormentadas vidas de la mayoría de sus secuestradores, pues ella los guio para que se convirtieran a la fe. La Iglesia católica tomó como ejemplo esta historia, al impartir una misa semanal en la iglesia de la Esperanza de María, al sur de la Ciudad de México. Es una historia impactante, llena de señales divinas, con un ejemplo de perdón. No sólo porque sobrevivió al secuestro y lo puede contar, sino porque logró, como ella dice, "la conversión" de sus secuestradores.

Ella fue secuestrada en mayo de 2011. Estuvo privada de su libertad durante diez días. Sus captores la tuvieron maniatada y vendada de ojos, así lo relata: "Yo fui secuestrada el día 6 de mayo. Los secuestradores me sacaron de la propia habitación de mi casa, ellos entraron cuando llegó el jardinero y me sacaron de la casa. Amordazaron a mi familia y a los niños los amenazaron. Es una escena muy desagradable."

Su esposo, Ignacio Ibáñez, no pudo hacer nada, ya que está en silla de ruedas por una distrofia muscular de nacimiento. Pero él también fue amarrado de pies y manos, pero con la boca cortó la cinta. Los secuestradores amenazaron con regresar por sus hijos. Él nos cuenta su versión:

—Mi reacción fue, ante todo, salir inmediatamente de la casa con los niños.

—Ignacio, ¿qué sentiste en todo este proceso mientras ella no estaba?

—Pues, primero, una gran impotencia y una gran frustración. Estaba muy preocupado por ella, sí, pero más por los niños, porque dije, bueno, ahora falta que se lleven a unos niños inocentes.

Se llevaron a Laura en su propia camioneta a un barrio desconocido y la metieron en una vecindad donde tres mujeres y dos hombres la cuidaban. Ella dice que vivir este secuestro fue como vivir una pequeña "Pasión de Cristo": "Ahí me amarraron, me cerraron los ojos con unas vendas y con unas gasas, y no me los volvieron a abrir nunca más. Y empieza lo que yo te decía, es la parte de la flagelación, la coronación de espinas, la cruz a cuestas… que es un trato muy inhumano, muy injusto, lleno de ofensas, de cortar cartucho a cada rato y caminar a mi alrededor varios sicarios armados. Los tres días del secuestro fueron los más crueles. Había llantos de niños y ellos me decían que eran mis hijos que tenían dos años y un año, y ese llanto de mucho sufrimiento que yo no sé si era una grabación o era real, fue horrible, porque pierdes la noción del espacio y del tiempo al estar en esa situación física, me decían: «Son tus hijos y los vamos a matar, vamos a acabar con ellos.» Tengo un hijo más grande y decían: «También tenemos a tu hijo, fuimos por él a la escuela y le estamos haciendo tal tortura.»"

Sin embargo, a pesar del miedo, Laura no dejó de orar por sus secuestradores, aunque a ellos les molestara ya que varios practicaban ritos satánicos: "Entonces se vino sobre mí con la pistola en la mano y cortando cartucho me dijo que ahí no se rezaba, que no existía Dios, porque estaba la Santa muerte en ese sitio."

Pero a partir del tercer día las señales divinas para Laura, Ignacio y la Iglesia, comenzaron a manifestarse. Una de ellas fue que escuchó las campanas de una iglesia cercana y sintió que estaba siendo protegida. Otra señal fue que el hijo del jefe de los secuestradores estaba enfermo y lo llevaron donde ella estaba, el niño la acarició y ella se sintió cerca de sus hijos. Otra señal que mencionó fue un cuadro de la Virgen de Guadalupe, que está frente a la cámara de seguridad de la entrada de su casa, la cual despistó a los secuestradores y grabó los acontecimientos para que las autoridades pudieran capturar a algunos de ellos.

Por otra parte, cuando revisé el video original, me di cuenta de que la imagen de la Virgen se movía, así que ellos decidieron mandarlo a analizar; esto me dijo Ignacio al respecto: "Esa imagen que muestra movimiento de sus manos ha sido checada por personas expertas en grabaciones, en videos, y pues no es un efecto de luz. Ni es un efecto digital o cosas así, sino se ve claramente que hay cierto movimiento, como si fuera una bendición al momento en que a ella se la están llevando."

Otra señal fue que el día de su cumpleaños, mientras seguía secuestrada, Laura comenzó a rezar y, curiosamente, su esposo estaba haciendo lo mismo, a la misma hora, en una misa que mandó hacer para que la liberaran. Ignacio pedía por el líder de la banda de secuestradores: "Una de las personas por las que yo pedí fue por la persona que había sido el cerebro del secuestro que después de un año fue ejecutado."

—Ignacio, ¿cómo te enteraste de esto?

—Pues por los periódicos. Salió en periódicos e internet.

—¿Laura lo reconoció?

—Claro, porque había una relación muy cercana con esa persona.

Se puede pensar que este caso tiene algo que ver con el Síndrome de Estocolmo (que es cuando se crea una empatía entre secuestrados y secuestradores), sin embargo, va más allá de eso. A diferencia de otros secuestros con un terrible final, Laura asegura que los secuestradores empezaron a cambiar su actitud gracias al amor, la paciencia y la fe que les manifestó desde el primer momento. Rezó durante su secuestro, unos 250 rosarios: "Conocí una parte muy importante del corazón de quienes fueron mis secuestradores. Yo viví muchas cosas que ellos igualmente vivieron. Entonces, cuando estuvimos juntos, los pude comprender, porque yo llevaba en mi corazón muchas de esas vivencias."

También asegura que la mayoría de la banda se arrepintió, le pidieron perdón y se confesaron uno a uno con ella. Gracias a que Laura le ofreció a Dios su vida a cambio de la salvación de las almas de sus enemigos: "Yo fui hablando con los secuestradores, ellos tuvieron la primera señal de doblegarse ante la oración el domingo. Ése día fue mi cumpleaños y ellos se ofrecieron a hacer algo para que yo pasara agradable mi cumpleaños a pesar del secuestro. Me trajeron un pastel muy pequeño, porque yo tengo diabetes tipo uno, y el pastel era pequeñito con una velita. Me la pusieron enfrente y me dijeron que soplara. Después, todos a mi alrededor se pusieron a comer y tras esa negativa y burla hacia la oración, yo me puse a rezar el rosario cuando terminamos de comer. Y escuché cómo todos alrededor me acompañaron en la oración."

Tiempo atrás, Laura había estudiado la vida y carisma de los diferentes santos y usó ese conocimiento para bautizar a cada uno de sus captores. Hubo varias coincidencias y similitudes entre los nombres de los santos y los roles que jugaban sus secuestradores: "De esa manera hubo una «María Magdalena», que estaba muy arrepentida, pero decía que no podía retirarse ya, porque estaba más secuestrada que yo. Hubo un «Carlos Borromeo», que estaba muy preocupado por mi salud. Hubo un «San Juan Bosco», era un joven y le llegué a tocar sus manos. Se sentían de un jovencito de menos de 20 años. Y hubo una «Rita», que era esposa de «Carlos Borromeo», mamá de ese niño. Y yo le comenté que Santa Rita de Casia había sido esposa de un sicario."

—¿Cómo trascendiste el miedo para ponerte en el lugar de tus secuestradores?

—Pensando en que la vida y la muerte solamente están en manos de Dios. Eso es algo que se nos olvida; sobre todo, cuando estamos secuestrados.

Según Laura, Dios la preparó para esta situación; pues alguna vez rezando el rosario, dice que recibió instrucciones precisas de Dios para actuar en caso de secuestro. Mismas que escribió, aunque no entendió el mensaje en su momento: "Me di a la tarea de rezar casi diez meses por los secuestradores. Pero nunca me imaginé que el 6 de mayo del año 2011 iba a ser secuestrada. Entonces iba a poner a prueba todo lo que había aprendido."

Ella sospecha que el autor intelectual de su secuestro fue una persona muy cercana a ella: "Vivir un secuestro es vivir una «pequeña Pasión», al secuestrado le toca vivir la «pequeña Pasión» como el actor principal, donde primeramente va a vivir una traición, porque he hablado con varias autoridades de la SEIDO, por ejemplo, de la PGR, de la PGJ, donde me han dicho que las estadísticas indican que 90 % de los secuestros los realiza la propia familia del secuestrado."

Al conocer la historia completa, el director espiritual de Laura acudió a las autoridades eclesiásticas y a la Iglesia católica para considerar las señales como actos sobrenaturales, por lo que inició un apostolado por los secuestradores, como lo explica Crispín Ojeda, obispo auxiliar de México: "La misión tiene como objetivo la conversión de los responsables actuales del crimen organizado en México, principalmente, de los secuestradores. Este apostolado pretende ofrecer apoyo espiritual a los familiares de las víctimas." En YouTube se encuentra como "Apostolado por los secuestradores y secuestrados". Todos los viernes, en la misa de las ocho, en la iglesia de la Esperanza de María, de la Ciudad de México, se pide por sus almas.

Laura tiene un programa de radio en una estación católica por internet, donde pasa a cientos de personas el mensaje de su salvación y la importancia del perdón. Su programa se llama *Señor, perdónalos, porque no saben lo que hacen*.

Laura fue liberada el 13 de mayo, día de la Virgen de Fátima, lo que consideran otra señal divina. Tres de los doce secuestradores estaban en el reclusorio en el momento de mi entrevista. El plan de Laura e Ignacio como comunicadores, es crear una agencia de noticias positivas, y en eso están trabajando actualmente para sobrevivir y recuperarse económica y emocionalmente de la pesadilla del secuestro.

Y te pregunto, a ti, lector, ¿eres capaz de orar continuamente por secuestradores, violadores, extorsionadores, asaltantes y terroristas para cambiar sus corazones y enviarles luz y amor incondicional? Ellos son quienes más lo necesitan. Participa en este milagro.

Explosión en Xalostoc

El 7 de mayo de 2013, me encontraba en la zona de un fatal accidente. El más impresionante, triste y aparatoso que he reportado por el número de muertos y la gravedad de los heridos, ya que algunos fueron trasladados a Texas con quemaduras graves, además de los daños materiales que afectaron a decenas de autos y cuarenta y cinco viviendas. Se trata de la tragedia ocurrida en la comunidad de San Pedro Xalostoc, Estado de México, por la volcadura de un tráiler que transportaba gas.

Según versiones oficiales, el chofer de la pipa de gas conducía a exceso de velocidad y transportaba más peso de lo permitido. Además de la imprudencia del chofer que estuvo hospitalizado y detenido, una serie de omisiones, negligencias, incluso combustible ilegal podrían estar detrás de la tragedia.

Parecía un campo minado, se encontraba resguardado por la Policía federal, elementos del ejército y perros de rescate. Debido al exceso de velocidad, la pipa de gas se volcó y la segunda caja del tráiler se desprendió, estrellándose contra una casa donde todos los familiares murieron debido al incendio mientras dormían. Esa casa en ruinas se convirtió en la tumba de una familia completa de diecisiete integrantes.

Me resistía a entrar, pero había que grabar unas escenas para el reportaje. Había un fétido y penetrante olor. Era una mezcla entre quemado y muerte. Me vino a la mente el mismo olor que percibí cuando cubrí, también para Univisión, el accidente de la avioneta Lear Jet, en plena zona de oficinas en Reforma y Periférico, en la Ciudad de México. Ahí fallecieron, el 4 de noviembre de 2008, varios funcionarios públicos. Entre ellos, el ex secretario de Gobernación, Juan Camilo Mouriño.

El escenario era terrible. Varios vehículos acabaron calcinados y de cabeza. Entre coronas de flores, aplausos, dolor y lágrimas, fueron recibidos los restos de las víctimas mortales en el funeral masivo, donde veintisiete personas perecieron en total. Me escondí de mi camarógrafo para que no me viera llorar durante la misa.

Israel Vargas, un hombre que perdió a su hermana, cuñado y sobrinos en el accidente, me dijo a cuadro lo siguiente: "Mi sobrina es migrante ilegal en California y no puede venir por falta de recursos económicos. A ver si de algún modo la traemos, pues ahorita paramos el entierro, porque ella lo que más quisiera es estar con su mamá."

Guillermo Silva, otro poblador de Xalostoc, denunció lo siguiente: "Fue una negligencia por parte del chofer y de la empresa. ¡Que den la cara!"

Los integrantes del pueblo de Xalostoc se unieron a la tragedia y mostraron gestos de solidaridad; como Eduardo Sánchez, un niño que, a pesar de su discapacidad, les mostró su amor en el funeral:

—Eduardo, ¿a quién estás apoyando el día de hoy?

—A los que fallecieron.

—¿Eran compañeros tuyos de la escuela?

—Sí.

En la iglesia donde se celebró la misa de cuerpo presente para los difuntos, llegaron siete féretros cargados por sus familiares. El resto de los cuerpos no pudo ser trasladado.

Patricia López, ama de casa, me dio su testimonio: "Cuando abrí la ventana se veía el fuego, se sentía muy caliente y se veía horrible, muy, muy feo."

Aproximadamente cien personas fueron evacuadas por los daños en sus hogares, por lo que se improvisó un albergue y un centro de acopio. Yo cuestioné a un directivo de la compañía de gas, quien aseguró hacerse cargo de las indemnizaciones para los afectados. La onda expansiva logro afectar un perímetro de 500 metros cuadrados a la redonda. Entre los muertos hubo varios niños. Sus pequeños féretros traían colgadas sus fotografías. Pero aquí viene el milagro: una chica llamada Wendy, con su hermana, sobrevivieron a la explosión. Ella estaba embarazada. Ambas fueron trasladadas a la clínica de Galveston.

Desde la noche anterior al accidente, Wendy señaló que tuvo un mal augurio al despedirse de su papá, quien le dijo que cuidara de su hermana, a lo que ella respondió que nada malo pasaría. Como a las dos de la madrugada se levantó al baño y sentía el mismo presentimiento negativo. Según ella, su siguiente recuerdo fue despertar rodeada por el fuego y, pese a ello, logró rescatar a su hermana, Montserrat. En la tragedia, sus padres perdieron la vida. Al ser rescatada en su domicilio envuelta en llamas, Wendy perdió el conocimiento y despertó dos meses después en la clínica de Galveston, Texas, donde fue atendida con el resto de las víctimas, entre las que se encontraba también su hermanita.

El 18 de julio, dos meses después de que Montserrat sufriera quemaduras en treinta por ciento de su pequeño cuerpo, logró superar las lesiones y regresó a México. Ella fue salvada también con la ayuda de su madre, Adriana, quien heroicamente perdió la vida en el acto. Gracias a la ayuda de la Fundación Michou y Mao, para niños quemados, las hermanas fueron atendidas y trasladadas a México por la comunicadora y coordinadora del traslado, Virginia Sendel de Lemaitre, quien perdió a su hija, Michou, en un incendio años antes.

Milagrosamente, Wendy parió un bebé sano. Como la familia vivía en pobreza extrema, me hice cargo de darle seguimiento a su indemnización y al estado de salud de las dos chicas. Estos son los milagros en medio de las tragedias que veo, que vivo en mi trabajo. Que transforman mi vida y que hoy comparto. En medio de cualquier tragedia siempre hay algo que agradecer.

Explosión en Naucalpan

Tan sólo una semana después del accidente en Xalostoc, el 13 de mayo de 2013, cubrí otra *breaking news* o nota roja para el programa *Primer impacto*.

Un camión que transportaba tres mil litros de gas perdió el control en Paseos del Bosque, una zona residencial de Naucalpan, Estado de México. Al estrellarse, se dañó una de las válvulas de suministro de gas. Debido a la fuga, el transporte se prendió en llamas afectando a catorce casas y diecisiete autos; entre los cuales estaban los de la comunicadora Ana María Alvarado, que volaron por los aires, según sus propias palabras. Además, el policía municipal, José María Rueda, nos relató lo siguiente: "Al llegar, nos percatamos de que la pipa estaba totalmente en llamas y obviamente empezamos a levantar a toda la gente, a evacuar la zona, a acordonarla para que no hubiera desgracias personales."

El conductor pretendía purgar los tanques para liberar el excedente de gas y disminuir, así, la presión. De pronto, una densa nube blanca inundó la calle y el impacto del camión contra unos árboles fue lo que provocó la potente explosión. Las llamaradas alcanzaron ocho metros de altura.

Jackeline Garduño, una señora que iba saliendo de su casa para dejar a su hijo en la escuela, fue alcanzada por las llamas que rodearon su camioneta. Ella considera que fue un milagro lo que los salvó: "De pronto se desviaron las llamas para el lado de enfrente y pudimos salir mi hijo y yo del auto, él fue quien se movilizó para abrir las puertas y pudimos entrar a la casa mientras continuaban las explosiones."

—¿Por qué lo consideras un milagro?

—Porque días antes, en la Iglesia, recibí un mensaje en forma de profecía; me dijeron que el maligno quería arrebatarle la vida a mi hijo y que yo aparecería en televisión para dar testimonio de cómo logramos sobrevivir. En aquel momento no entendí el mensaje, pero después lo comprendí con claridad. Y es que una nube blanca nos cubrió, no veíamos nada, las llamas estaban quemando los árboles y venían hacia nosotros con furia y rapidez. Le clamé al Señor en voz alta y le dije que él prometió guardar nuestra vida, y en ese momento las llamas se desviaron y pudimos comprobarlo con asombro en el video de un vecino, donde claramente se ve cómo las llamas se pasaron de mi acera a la de enfrente, después de gritarle a Dios, recordándole su promesa. Recordé la profecía y supe que tenía que dar testimonio en los medios de comunicación que llegaron a cubrir el siniestro. Sin embargo, yo me estaba escondiendo de la prensa, porque estaba nerviosa y cuando tú, Verónica, llegaste a tocar mi puerta, no pude negarme y te advertí que hablaría de Dios.

Lamentablemente tuve que editar esa parte, porque la regla era hacer notas de un minuto y medio máximo de duración, pero sí incluí donde decía que era un milagro que estuvieran vivos. Gracias a este libro puedo explayarme e incluir la opinión detallada sobre la profecía que ella recibió. No pude tener acceso al video donde las llamas misteriosamente cambian de una acera a otra, por la urgencia de ser una *breaking news*, y tener que salir al aire en vivo tres horas después desde que llegamos, pero pude ver fotografías que varios vecinos y ella me proporcionaron. Finalmente, terminamos escribiendo y editando la nota en su casa para tener internet, ya que no alcanzábamos a llegar al buró de Univisión desde Naucalpan, hasta Paseo de la Reforma, en la Ciudad de México. Hice una singular amistad con ella. Se puede decir que esa "bendición disfrazada de tragedia" nos unió misteriosamente, pues realmente me impactó la historia, y gracias a este libro puedo detallar y narrar los sucesos completos, sin sacar nada de contexto, es decir, añadir mi visión personal y emociones. Porque en la televisión se deben sólo narrar los hechos.

El auto de Jackeline, como los de la mayoría de sus vecinos, quedó calcinado parcialmente, su hijo de quince años sólo sufrió quemaduras leves. Esto fue lo que me dijo: "Me quemé al salir de la camioneta y también un poco el cabello y las pestañas."

Años más tarde, sucedió otro milagro en el hogar de Jackeline. Su empleada doméstica padeció de un derrame cerebral y la llevó al hospital, oró mucho por ella y, finalmente, los médicos no se explicaron cómo sanó, pero aceptaron que era una especie de milagro. Tenía que pagar una cuenta excesiva que la sacó de su balance financiero y no supo cómo iba a cubrirla, pero meses después recibió inesperadamente un bono en su trabajo exactamente por la misma cantidad de dinero que había pagado para cubrir la cuenta del hospital y ayudar a su empleada.

Por último, como parte de las historias de milagros que he narrado, incluyo esta nota publicada en el portal de internet *Hola doctor*, el 10 de octubre del 2012: "Un neurocirujano vuelve de la muerte y dice: *El cielo existe.*"

Durante muchos años, un neurocirujano, el doctor Eben Alexander, de la Universidad de Harvard, se dedicó a contradecir la existencia del más allá. Sin embargo, en 2008 sufrió una meningitis bacteriana que detuvo la actividad de algunas áreas de su cerebro, causándole un coma profundo. Al despertar, aseguró haber conocido el paraíso. Esta vivencia cambió completamente su modo de pensar y ahora el médico afirma que la ciencia no puede explicar el mundo si no va acompañada de la espiritualidad.

Estas son sus palabras: "Siempre había sido muy escéptico sobre la existencia de la vida después de la muerte, sin embargo, termine por convertirme luego de tener una experiencia mística. Como neurocirujano, no creía en las experiencias cercanas a la muerte, consideraba que había explicaciones perfectamente científicas que daban cuenta de lo que la gente percibía como un viaje al paraíso."

De acuerdo con los médicos que lo trataron, las posibilidades de que el doctor Alexander se recuperara eran pocas, lo más probable era que permaneciera en estado vegetativo. A lo que agrega: "El séptimo día, mientras los médicos decidían si suspender o no el tratamiento, y mientras mi familia se preparaba para lo peor, mis ojos se abrieron de repente. Aunque al principio sufrí algo de amnesia, poco después empecé a recordar mi viaje a un mundo mágico y placentero. El lugar al que viajé estaba lleno de nubes y había seres brillantes que surcaban el espacio. Eran diferentes a todo lo que haya visto en este planeta. Eran más avanzados, seres superiores. Además, había alguien conmigo, una mujer. Era joven, con pómulos altos y ojos azules, y unas trenzas castañas brillaban sobre su frente. Sin palabras, ella me dio un mensaje: *Te mostraremos muchas cosas aquí, pero después tendrás que regresar."*

Aunque reconoce que su historia puede sonar fantasiosa, el doctor Alexander asegura que todo fue real: "Se trató de una experiencia tan profunda, que me dio una razón científica para creer en la vida después de la muerte."

A raíz de esta experiencia, ahora se dedica a estudiar el funcionamiento del cerebro y la conciencia humana, pero considerando que existe lo metafísico: "Explicar el mundo sólo a través de la ciencia, es superficial. Para acceder a la verdad, se debe tener una perspectiva científica y espiritual." Concluyó.

Nick Vujicic

Soy una fanática de los milagros y éstas son las historias que, como periodista, hoy busco y comparto para hacer un equilibrio con la nota roja que llevo doce años transmitiendo (nueve años en *Primer impacto* y tres en *Al extremo*). Me apasionan las historias de fe y esperanza, historias que sean ejemplo de vida y casos de éxito, que sean motivadoras, como las dos entrevistas que le hice al maravilloso Nick Vujicic, el australiano que nació sin piernas ni brazos y que logró casarse (con una mexicana, por cierto), tener dos hijos y que predica la palabra de Dios alrededor del mundo.

Es un hombre admirable y adorable que está transformando vidas y corazones usando su testimonio de intento de suicidio a los ocho años, para combatir la violencia, las adicciones, depresiones y el bullying. Tuve la suerte de entrevistarlo en 2012 para Univisión y en 2015 para Azteca América. La más reciente la pueden encontrar en YouTube como *Nick Vujicic, un ejemplo de motivación y liderazgo*. La segunda es *Nick Vujicic -entrevista completa- Primer Impacto*. Es increíble conocer su milagro de vida y sanación. Sentir su abrazo sin brazos ha sido uno de los regalos más grandes de mi vida. Nick habla de esperanza, compasión, cómo ser un gran líder y cómo poner en acción nuestra fe. Asegura que la peor discapacidad es el miedo y que podemos convertirnos en un milagro para alguien más.

---

[2] Alcoholics Anonymous World Services, Inc. "Alcohólicos Anónimos" Central Mexicana de Servicios Generales, 1986.

4

Diosidencias

Para mí, las Diosidencias son aquellas señales, mensajes, encuentros, revelaciones y coincidencias que vienen de Dios, el Espíritu Santo o nuestros ángeles para ayudarnos, decirnos que nos aman, o para confirmarnos si vamos por el camino correcto.

Son pequeños sucesos inapreciables para las personas que no están en sintonía con una divinidad. Les pueden parecer ordinarios o producto de la suerte. Hay personas que simplemente no pueden apreciarlos. Uno de los impedimentos para reconocer las Diosidencias es el dolor físico o emocional. Cuando el corazón duele con las penas, no se puede apreciar lo bello y positivo de la vida. Otros obstáculos para gozar de las Diosidencias es la prisa, el estrés o el pesimismo. Pero las señales siempre están ahí. Somos nosotros quienes elegimos no verlas.

Cuando atravesamos situaciones adversas a veces nos preguntamos: ¿Por qué me pasa esto a mí?, ¿qué hice para merecer esto? En vez de hacernos las preguntas adecuadas y salir de nuestro victimismo: ¿Para qué estoy viviendo esto? ¿Qué puedo aprender y agradecer de esta situación? Debemos tomar distancia y elevarnos a un plano más arriba para ver "el árbol completo y no sólo una rama".

Cuando atravieso problemas fuertes y situaciones delicadas, trato de verlo como una bendición disfrazada de tragedia. Tal como sucedió con la persecución política por parte del gobierno de México a mi hermana Kate del Castillo, y a mi familia, debido a su entrevista con el Chapo Guzmán. No obstante, la paranoia, el acoso, el miedo y el *bullying* cibernético que vivimos, nos unió como familia. Nos fortaleció. Fue difícil, y a veces inevitable no caer en tanta provocación y crítica. Me quedé sin galanes ni amigas. Porque nadie quiere estar cerca de alguien a quien se le investiga o tiene intervenido su celular. Nadie, si no es un muy buen amigo, quiere problemas. Se trata de descubrir el propósito escondido tras la aparente desgracia. Todo lo que nos ocurre, tanto positivo como negativo, tiene un propósito más elevado y descubrirlo representa uno de los retos de mayor satisfacción que nos aporta a nuestro crecimiento personal y espiritual.

La verdad es que todos los días ocurren Diosidencias en todos los lugares. No conocen idioma ni frontera ni el estado de nuestro corazón o pensamientos. Simplemente suceden. Nosotros elegimos dejarlas pasar o sacarles provecho. Es como si el Universo conspirara en nuestro favor, para fluir con gracia y con facilidad.

Yohana García, la autora argentina de *Francesco. Una vida entre el Cielo y la Tierra*, afirma lo siguiente: "Esas causalidades, Diosidencias o sincronías se realizan en un plano del cielo llamado Plano causal. Estas coincidencias forman la parte mágica de la vida de las personas" (Ayuda Psicológica en México, psicólogos.mx).

A continuación, daré ejemplos de Diosidencias en mi vida:

Tenía un pretendiente llamado Jorge, quien me ofreció su departamento en Cozumel para pasar las vacaciones de Semana santa de 2017 con mi mejor amigo, Juan Pablo, alias "Yeipi", a quien adoro. Me aseguró que el lugar estaba a mi disposición, así como su chofer y su yate. Puro cuento. ¡Resultó ser un mitómano!, pero le agradezco el aprendizaje y darme material para este libro. Un par de días antes, se desapareció y no supe más de él. Así que nos quedamos sin vacaciones. Yo estaba agobiada, enojada y apenada con Juan Pablo, porque en esas fechas es muy difícil encontrar buenos precios y lugares desocupados en aerolíneas y hoteles. Decidí fluir y soltar. Me dije: "Si tengo que viajar y está en mi plan divino, lo haré como sea y de la manera perfecta y sin esfuerzo alguno. Sin forzar nada. Si fluye, es de Dios."

Acabé viajando a Playa del Carmen, con "Yeipi". No encontrábamos vuelos ni hospedaje. Un día antes conseguimos a excelente precio los dos únicos boletos que quedaban en una aerolínea donde trabajaba un conocido y, gracias a él, tuvimos un súper descuento. También nos ahorramos el hotel. Mi amiga, Aline Hernández, nos ofreció llegar a su departamento con ella y su hermana. Teníamos el segundo problema resuelto de la mejor forma, porque tuvimos una compañía sensacional con ellas y nos ahorramos bastante dinero. Uno de esos días fuimos al Hotel Hyatt a pasar el día en la playa, pero nos dijeron que estaba llena la ocupación y que los camastros sólo eran para clientes hospedados, así que no nos podíamos quedar. Cuando nos estábamos yendo, me encontré en el lobby a mi colega y amiga, Verónica Toca, y nos invitó a pasar el día con ella. Afortunadamente nos dieron el acceso al hotel, debido a que éramos invitados de un huésped. Toda la playa estaba ocupada, había mucha gente en los camastros. De pronto, los únicos dos disponibles estaban en primera fila y frente al mar.

Simplemente no podíamos creer tanta suerte y bendición. Una tras otra. Lo que sí sucedió es que la cuenta fue muy costosa ya que pagamos mucho por persona, de consumo mínimo. Pero no nos importó, fue uno de nuestros días más divertidos y relax, porque nos ahorramos mucho del avión y el hospedaje. Y el balance de la vida nos "devolvió" de alguna forma esa inversión, ya que pudimos ir a una playa en Tulum al día siguiente. Y gracias a que me encontré a Jamil, otro amigo, nos pagó la cuenta de nuestras bebidas y comidas. Gracias a él, nos recuperamos del gran gasto en el Hyatt. Lección aprendida: no debo forzar las cosas. Cuando suelto, regresa a mí.

Otros ejemplos son la ayuda que recibí completamente inesperada e inimaginable cuando me quedé sin trabajo. Un amigo de la universidad me ofreció un auto en lo que yo podía comprarle uno a mi hijo, el que le había dado para ir a la prepa era de mi empresa y tenía que devolverlo. Asimismo, el veterinario no me cobró el baño de mi perro. Me lo obsequió cuando le dije que ya no podría pagarle el servicio semanal, sino quincenal. Mi terapeuta de Theta Healing no me cobró una sesión y mi terapeuta de craneosacral me cobró la mitad. No cabe duda de que las cadenas de favores se activan mágicamente y sin esfuerzo ni necesidad de pedir favores, sentir lástima de nosotros, conmiserarnos o victimizarnos. ¡Es como si el universo conspirara para entrar a nuestro rescate con justicia y dignidad!

Por otra parte, cuando ya tenía escrita una cuarta parte de este libro, Marifer Centeno me invitó a la presentación de su libro *Grafología en el amor*, y me presentó a su editor, David García, de Penguin Random House. Me acerqué a él y me preguntó el tema del libro que quería publicar. Le dije: "Es sobre milagros." Se me quedó viendo con "cara de *what*" y le eché un rollo mareador sobre otros temas más comerciales, porque creí que no le había gustado. Después de tratarlo de convencer con otros temas más atractivos, me dijo: "Me interesa lo de milagros, checa mi perfil en mi Twitter." Entré a su twitter y decía, entre otras cosas: "Soy testigo de milagros." ¡No podía creerlo! Era una Diosidencia más. Yo buscaba a alguien que creyera en mi libro y él se declaraba un testigo de milagros, por situaciones personales que había vivido. ¡Wow! En ese momento tuve la claridad de seguir con lo que había dudado por momentos. Era una señal de que iba por buen camino. Y es curioso, porque yo había dudado en ir a esa presentación porque me sentía mal de gripe, pero seguí mi intuición y fui. Un mes después, cuando me encerraba a escribir, escuché una meditación en la App que uso para relajarme al despertar o al dormir (*Insight Timer*) y la voz de quien guiaba la meditación, mencionó la frase de Einstein sobre los milagros, y justo el día anterior yo había escrito en este libro esa misma frase. No podía creerlo, en vez de conciliar el sueño, me desperté más. Para mí fue otra señal de que iba por buen camino con este libro. La mente o el ego nos bloquean la intuición y no seguimos nuestras corazonadas. Pero debemos seguir y confiar en nosotros y en nuestro primer impulso. Tenemos más aciertos cuando sentimos, que cuando pensamos.

Dentro del concepto de Diosidencia hay un significado que me gustaría explicar como un "encuentro santo", porque es otra forma de conectarnos con Dios. Cuando te encuentras con quien sea, recuerda que se trata de un encuentro santo. Tal como consideres a esa persona, así pensarás de ti. Tal como lo trates, así te tratarás a ti. En tus semejantes te encuentras a ti o te pierdes a ti. Siempre que estás con alguien, tienes una oportunidad más para encontrar tu poder y tu gloria.

Experiencias espirituales en Tierra santa

En diciembre de 2016, viajé a Israel con mi hijo y para darle un gusto a mi papá, ya que tenía como 3 años diciendo: "No me quiero morir sin ir a Tierra santa." Afortunadamente se lo cumplí y ha sido el viaje más maravilloso de mi vida, pues conocer los lugares donde caminó Jesucristo fue una aventura que transformó y marcó mi vida. Estudiar la Biblia es una de las preparaciones que más me han acercado a Dios, ya que como dicen por ahí: "Para enamorarte de alguien tienes que conocerlo." Ver y sentir físicamente aquellos lugares que se describen sobre los pasajes más importantes en la vida de Jesús es como darle vida a lo estudiado. Estar en donde realizó milagros es realmente conmovedor.

Varias noches después de regresar a México, sentía que Dios me despertaba alrededor de las 3 de la mañana para escribir lo vivido, mis experiencias espirituales; hasta que una noche grabé una nota de voz para seguir dormida. Al día siguiente lo escuché. Aquí lo transcribo: "El Viacrucis o Vía dolorosa en Jerusalén consta de catorce paradas desde la persecución de Poncio Pilatos hasta el entierro de Jesucristo. En el Santo sepulcro, al agacharme y arrodillarme para meter la mano en el orificio que hay para tocar la roca donde fue clavada la cruz, pude visualizar (intuitivamente y con los ojos cerrados), a Jesucristo crucificado, y me vi arrodillada a sus pies. Sentí una extraña sensación cuando metí la mano en ese hoyo donde decenas de personas hacen fila para hacer lo mismo. Entre miedo a lo desconocido y escalofrío. De pronto, al trascender el miedo a la grandeza, todo hizo sentido. Después pasé a la cueva donde resucitó al tercer día. Sólo dejaban pasar a cuatro personas cada ronda, porque la fila era larga, pero no tanto como en otras temporadas. Todos circulaban en orden, pero yo no pude evitar postrarme para tocar la especie de banca donde estuvo su cuerpo y romper en llanto. Mi papá y los turistas japoneses junto a mí se me quedaron viendo con cara de «está loca esta fanática, la perdimos». Mi papá no sabía si consolarme o unirse a la emoción. Sentí una gratitud enorme por conocer a Jesús y creer en el único ser humano que ha resucitado en la historia de la humanidad. Ni Buda ni ningún otro líder espiritual o religioso ha resucitado para dar esta muestra de amor y salvación tan grande. Todos se habían salido y yo me quedé. Estaba como en shock, absorta por el misticismo y la divinidad que respiré. Sentí una gran presencia del Espíritu Santo. El empleado, (irónicamente son musulmanes los que administran la Iglesia del Santo sepulcro), me tuvo que pedir que me saliera para que otros turistas entraran porque no quería separarme esa tumba."

Y creo que ésa es la enseñanza que debemos tener, no quedarnos con la idea de muerte y sufrimiento, de sangre, sacrificio y dolor. Sino trascenderlo e impregnar en nuestro ADN, en nuestra Mente crística, el verdadero concepto de la resurrección: renacer en amor. Trascender el dolor para que en resiliencia logremos reconstruirnos y alcanzar la mejor versión de nosotros.

Dejar de enfocarnos en la muerte y sus representaciones de dolor en la cruz, para abrirnos a la experiencia del amor y sentirlo en el corazón, experimentarlo y darle vida a lo escrito en la Biblia ya que la fe, sin obras, es fe muerta. Letra muerta. Hay que hacerlo verbo. "Fe en acción", como diría Nick Vujicic. Asimismo, entender el verdadero concepto de "poner la otra mejilla", que no es dejarse maltratar, golpear o humillar, sino perdonar y bendecir, y no cansarnos ni desfallecer en perdonar, si es necesario, "setenta veces siete" (Mateo 18:21), a quien nos ofenda.

Otro lugar en el Santo sepulcro (hay tres estaciones del Viacrucis ahí) es una plancha de piedra en el piso donde miles de turistas y fieles nos arrodillamos y tocamos. Fue donde colocaron el cuerpo de Cristo al bajarlo de la cruz, para limpiarlo y prepararlo para el sepulcro. Digamos que es una estación intermedia entre la crucifixión y la resurrección. Lamentablemente no pude entrar a la sexta, donde se encuentra el velo con el que Verónica, un personaje bíblico, limpió el rostro a Jesús, mientras pasaba. De ahí el nombre de la capilla: "Capilla del Divino rostro" y, según nuestra guía de turistas, debería ser igual de famoso que el Manto de Turín. Y ahí descubrí el origen y sentido de mi nombre: *Vera-Icona*, que significa, imagen verdadera.

En la estación de la Virgen María, que es donde se acerca a Jesús, su hijo, durante el viacrucis, hay una iglesia y estaba expuesto el Santísimo. Sentí una enorme ternura y preocupación por la infancia y los niños que son abusados en todo sentido, y le pedí a la Virgen que me diera ese amor infinito de madre. Mientras le pedía y oraba, sentí la presencia del Espíritu santo y comencé a hablar en lenguas desconocidas. Mi hijo me escuchó y me dijo:

"Mamá, ¿otra vez estás hablando el lenguaje de los ángeles?" No podía parar de hablar, era incontrolable, estaba en éxtasis. Mi papá entró a la iglesia con dolor en piernas y rodillas, así que le pedí a nuestra madre María que lo sanara, porque ya casi no podía caminar y estaba muy cansado. Al salir, mi papá dijo que ya no tenía dolor alguno y pudo continuar con el *tour* a un ritmo acelerado a pesar de sus ochenta y dos años.

Esta petición que le hice a la Virgen por los niños, meses después fructificó en las sanaciones y meditaciones que hice con varios niños con cáncer. Mi querido amigo, el doctor Jesús Galeana, médico cirujano y especialista en tanatología pediátrica, me invitó a un salón de fiestas (una semana después del terremoto de septiembre de 2017, en Ciudad de México). No tenía ganas de ir porque estaba cansada y drenada por las terapias que di a pacientes con estrés post traumático dentro del movimiento Holismo por México, donde varios terapeutas brindamos nuestros servicios gratuitamente varias semanas para víctimas de los sismos. Pero ya me había comprometido con el doctor.

Llegué sin imaginar que podría ayudarlos, me había dicho que sólo iba a convivir con los niños y sus papás un rato, pero de pronto se le ocurrió que yo los guiara en una meditación con la técnica Theta Healing. ¡Entré en pánico cuando me lo pidió! Llamé a una amiga terapeuta que estudia los cursos en el mismo lugar que yo, pero con más práctica y le dije que estaba a punto de dirigir una meditación con varios niños con cáncer, que me sugiriera cómo realizarlo porque sólo había atendido a un paciente con cáncer en la lengua.

Mi ego empezó a atacarme con ideas como: "No es lo mismo un adulto que 15 niños, no podrás controlarlos, no podrás hacer que estén quietos meditando, sus padres no saben de esta técnica, quizá les moleste…" Ella me dijo: "Tranquila, puedes hacerlo, pide orientación y serás guiada desde el séptimo plano, programa las células cancerígenas para que mueran ya que se reproducen constantemente." Colgué el teléfono más angustiada porque sentí que no sabría cómo hacerlo pero confié y me puse en disposición. Mágicamente los niños eran los más concentrados, relajados y tranquilos. Los papás estaban más inquietos que los niños y de pronto abrían los ojos para saber que estaba pasando. Al finalizar la meditación, un par de niños se acercó al doctor Galeana y le dijeron que habían visto a Dios durante la sanación masiva. Para mi sorpresa y la del doctor Galeana, uno de los niños llamado Beto me mandó un video para agradecerme la sanación porque Dios ya lo había curado. El doctor me lo confirmó diciéndome que a los 15 días lo habían dado de alta ya que los estudios de sangre salieron normales. ¡No podía creerlo. Era otro milagro! Lo mismo sucedió con una mujer con cáncer de mama. ¡Pude comprobar el poder de las terapias Theta Healing combinadas con el Curso de Milagros!

Regresando a mi experiencia en Tierra Santa, en el Muro de los lamentos escuché claramente la voz de Dios al reclinar mi cabeza en la pared y tocarla. Me dio una serie de instrucciones para mi vida sentimental, laboral y maternal. Pero nunca imaginé que me hablaría tan claro y directo en un espacio sagrado para los judíos. Experimenté lo que siempre he creído, que Dios es el mismo para todos, no importa la religión que tengamos. "Todos somos miembros de esa Filiación Universal", como dice UCDM.

Fue muy interesante ver a tantas mujeres absortas en oración y lectura de libros sagrados. Al ingresar, hombres y mujeres son separados en dos filas, ya que el Muro de los lamentos está dividido por una barda donde, por un lado, van los hombres y, por otro, las mujeres. Al observar a los devotos, sentí mucha sabiduría ancestral, quería "absorber" los conocimientos de La Torá, los salmos y libros sagrados que estaban leyendo y platicar con las mujeres judías para conocer más de su fe.

También visitamos la Iglesia de la Natividad en Belén. Es impresionante ver el muro que divide a Israel del territorio Palestino. Se percibe mucha inseguridad al salir de Israel ya que los taxistas no se hacen responsables de lo que pueda suceder y los tours y los choferes de Jerusalén no tienen autorizado ingresar a Belén. Pero fue maravilloso conocer donde Jesús nació. Entendí el verdadero sentido de la palabra humildad al ver el pesebre. Fue muy importante entender que, por medio de la humildad y el silencio, nos conectamos con Dios. Y eso me hizo romper en llanto. Entendí que la riqueza radica en el interior y no en los lujos.

También fue mágico conocer algunos lugares donde Jesús realizó varios milagros; como la Iglesia de la Multiplicación de los panes y peces, donde alimentó a cinco mil personas. Se encuentra en Tabgha, al Norte de Galilea, y en el versículo de Mateo 14:21, se describen los detalles de este milagro. Ahí mismo, en el Mar de Galilea (en realidad es el Lago Kineret), arqueólogos israelíes hallaron, recientemente, restos de Betsadia, la villa donde vivieron tres de los apóstoles: Pedro, Andrés y Felipe. En esas aguas sentí una paz indescriptible, la quietud del Lago Kineret es transformadora. Saber que por esas aguas caminó Jesús, probando la fe de Pedro, es realmente revelador. Entendí que hay que ver en dirección hacia Dios o Jesús todo el tiempo, mientras atravesamos malos momentos; porque si ponemos la mirada o el foco en las adversidades podemos hundirnos, como Pedro (Mateo 14:22).

Fue interesante ver y sentir cómo se mezclan las tres culturas y principales religiones monoteístas (cristianismo, islamismo y judaísmo) en un mismo lugar, encontrándose muy cerca una de la otra: mezquitas, sinagogas e iglesias, conviviendo en relativa armonía. Parece que el tiempo se detiene cuando se escuchan los cantos musulmanes de las mezquitas. Es un viaje que todos debemos hacer, sin importar la religión a la que pertenezcamos. Realmente transforma nuestra vida, tocando corazones.

Nuevo concepto de Dios

Para estar abiertos a la vibración o frecuencia de las Diosidencias, recomiendo tener un concepto de Dios o Poder superior nuevo y distinto al que nos inculcaron cuando éramos pequeños. Es decir, no un dios castigador y vengativo, sino un Dios misericordioso, todopoderoso e incondicionalmente amoroso. Hay una meditación de Melody Beattie que me ayudó y se llama *Dios, tal como nosotros lo concebimos*. Ahí habla acerca de la recuperación; reflexión que necesitamos hacer todos: recuperar los significados o sentidos originales. Y, en este caso, el de Dios como un ser todopoderoso que lo único que tiene para darnos es amor incondicional. El proceso de recuperación es intensamente espiritual y nos pide que crezcamos en nuestra comprensión de Dios. Ya que puede haber sido moldeada por experiencias religiosas tempranas o por las creencias de los que nos rodean. Tratar de entender a Dios es algo que puede hacer vacilar a nuestra mente, a causa de lo que hemos aprendido y experimentado en nuestras vidas. Pero tenemos que dejar estas ideas atrás y aprender a confiar en Dios.

Yo he crecido y he cambiado en mi comprensión de este poder, que es superior a mí. Mi comprensión no ha crecido a un nivel intelectual, sino emocional, porque lo he experimentado desde que puse mi vida y mi voluntad al cuidado de Él. Dios es real: amoroso, bueno, atento. Dios quiere darnos todo el bien que podamos manejar. Cuanto más volvemos nuestra mente y corazón hacia una comprensión positiva de Dios, más nos valida. Cuanto más damos gracias a Dios por quien es, por quienes somos y por la naturaleza exacta de nuestras circunstancias actuales, más actúa en nuestro beneficio.

De hecho, todo el tiempo Dios ha planeado actuar en nuestro beneficio. Dios es creador, benefactor y fuente. Dios me ha enseñado, más allá de cualquier otra cosa, que la manera en cómo llegue a entenderlo no es, ni de cerca, tan importante como el saber que Él me entiende a mí. Hay que decirnos: "Hoy estaré abierto a que crezca mi comprensión de mi Poder superior. Estaré abierto a dejar ir las viejas limitaciones y negativas creencias acerca de Dios. No importa cómo entienda yo a Dios, estaré agradecido de que Él me entienda a mí."

Asimismo, el concepto de Dios del filósofo holandés Baruch Spinoza enriquece nuestro entendimiento sobre Él. Lo incluí en mi libro *Sexo, la puerta a Dios* y aquí lo retomo:

Dios hubiera dicho:

¡Deja ya de estar rezando y dándote golpes en el pecho! Lo que quiero que hagas es que salgas al mundo a disfrutar de tu vida.

Quiero que goces, que cantes, que te diviertas y que disfrutes de todo lo que he hecho para ti.

Deja ya de ir a esos templos lúgubres, obscuros y fríos que tú construiste y dices que son mi casa.

Mi casa está en las montañas, en los bosques, los ríos, los lagos, las playas. Ahí es donde vivo y ahí expreso mi amor por ti.

Deja ya de culparme de tu vida miserable; yo nunca te dije que había nada mal en ti o que fueras un pecador, o que tu sexualidad fuera algo malo.

El sexo es un regalo que te he dado y con el que puedes expresar tu amor, tu éxtasis, tu alegría. Así que no me culpes a mí por todo lo que te han hecho creer.

Deja ya de estar leyendo supuestas escrituras sagradas que nada tienen que ver conmigo. Si no puedes leerme en un amanecer, en un paisaje, en la mirada de tus amigos, en los ojos de tu hijito. ¡No me encontrarás en ningún libro!

Confía en mí y deja de pedirme. ¿Me vas a decir a mí cómo hacer mi trabajo?

Deja de tenerme tanto miedo. Yo no te juzgo, ni te critico, ni me enojo, ni me molesto, ni castigo. Yo soy puro amor.

Deja de pedirme perdón, no hay nada que perdonar. Si yo te hice, te llené de pasiones, de limitaciones, de placeres, de sentimientos, de necesidades, de incoherencias, de libre albedrío. ¿Cómo puedo culparte si respondes a algo que yo puse en ti? ¿Cómo puedo castigarte por ser como eres, si yo soy el que te hice? ¿Crees que podría yo crear un lugar para quemar a todos mis hijos que se porten mal, por el resto de la eternidad? ¿Qué clase de dios loco puede hacer eso?

Olvídate de cualquier tipo de mandamientos, de cualquier tipo de leyes; esas son artimañas para manipularte, para controlarte, que sólo crean culpa en ti. Respeta a tus semejantes y no hagas lo que no quieras para ti. Lo único que te pido es que pongas atención en tu vida, que tu estado de alerta sea tu guía.

Amado mío, esta vida no es una prueba, ni un escalón, ni un paso en el camino, ni un ensayo, ni un preludio hacia el paraíso. Esta vida es lo único que hay aquí y ahora, y lo único que necesitas. Te he hecho absolutamente libre, no hay premios ni castigos, no hay pecados ni virtudes, nadie lleva un marcador, nadie lleva un registro.

Eres absolutamente libre para crear en tu vida un cielo o un infierno. No te podría decir si hay algo después de esta vida, pero te puedo dar un consejo. Vive como si no lo hubiera. Como si esta fuera tu única oportunidad de disfrutar, de amar, de existir. Así, si no hay nada, habrás disfrutado de la oportunidad que te di. Y si lo hay, ten por seguro que no te voy a preguntar si te portaste bien o mal, te voy a preguntar: ¿Te gustó? ¿Te divertiste? ¿Qué fue lo que más disfrutaste? ¿Qué aprendiste?

Deja de creer en mí; creer es suponer, adivinar, imaginar. Yo no quiero que creas en mí, quiero que me sientas en ti. Quiero que me sientas en ti cuando besas a tu amada, cuando arropas a tu hijita, cuando acaricias a tu perro, cuando te bañas en el mar.

Deja de alabarme. ¿Qué clase de dios ególatra crees que soy? Me aburre que me alaben, me harta que me agradezcan. ¿Te sientes agradecido? Demuéstralo cuidando de ti, de tu salud, de tus relaciones, del mundo. ¿Te sientes mirado, sobrecogido? ¡Expresa tu alegría! Ésa es la forma de alabarme.

Deja de complicarte las cosas y de repetir como perico lo que te han enseñado acerca de mí. Lo único seguro es que estás aquí, estás vivo, este mundo está lleno de maravillas. ¿Para qué necesitas más milagros? ¿Para qué tantas explicaciones?

No me busques afuera, no me encontrarás. Búscame dentro, ahí estoy, latiendo en ti.

A continuación, te comparto otro concepto más de Dios, que nos recuerda que somos un milagro de su creación:

TE HABLO A TI...

Tú, que eres un ser humano, eres mi milagro.
Y eres fuerte, capaz, inteligente y lleno de dones y talentos.

Cuenta tus dones y talentos, entusiásmate con ellos.
Reconócete. Encuéntrate. Acéptate. Anímate.

Y piensa que desde este momento puedes cambiar tu vida para bien, si te lo propones y te llenas de entusiasmo. Y, sobre todo, si te das cuenta de toda la felicidad que puedes conseguir con sólo desearlo.

Eres mi creación más grande. Eres mi milagro.
No temas comenzar una nueva vida.
No te lamentes nunca.
No te quejes.
No te atormentes.

No te deprimas. ¿Cómo puedes temer, si eres mi milagro?
Estás dotado de poderes desconocidos para todas las criaturas del universo.
¡Eres único!
Nadie es igual a ti. Te hice perfecto.

Sólo en ti está aceptar el camino de la felicidad, enfrentarlo y seguir siempre adelante, hasta el fin.

Simplemente, porque eres libre.

Te hice libre. En ti está el poder de no atarte a las cosas. Las cosas no hacen la felicidad.

Te hice perfecto para que aprovecharas tu capacidad y no para que te destruyeras con las tonterías.

Te di el poder de pensar.

Te di el poder de imaginar.

Te di el poder de amar.

Te di el poder de crear.

Te di el poder de determinar.

Te di el poder de planear.

Te di el poder de reír.

Te di el poder de hablar.

Te di el poder de rezar.

Te di el poder de elección.

Te di el dominio de elegir tu propio destino usando tu voluntad.

¿Qué has hecho de esas tremendas fuerzas que te di? No importa. De hoy en más, olvida tu pasado, usando sabiamente ese poder de elección.

Elige amar, en lugar de odiar.

Elige reír, en lugar de llorar.

Elige crear, en lugar de destruir.

Elige perseverar, en lugar de renunciar.

Elige alabar, en lugar de criticar.

Elige curar, en lugar de herir.

Elige dar, en lugar de quitar.

Elige actuar, en lugar de aplazar.

Elige crecer, en lugar de consumirte.

Elige bendecir, en lugar de blasfemar.

Elige vivir, en lugar de morir.

Y aprende a sentir mi presencia en cada acto de tu vida.

Crece cada día un poco más en el optimismo y en la esperanza.

Deja atrás los miedos y los sentimientos de derrota.

Yo estoy a tu lado, siempre.

Llámame.

Búscame.

Acuérdate de mí.

Vivo en ti desde siempre y siempre te estoy esperando para amarte. Si has de venir hacia mí un día, que sea hoy, en este momento.

Cada instante que vivas sin mí es un instante infinito que pierdes de paz. Trata de volverte niño, simple, inocente, generoso, dador, con capacidad de asombro y capacidad para conmoverte ante la maravilla de sentirte humano; porque puedes conocer mi amor, puedes sentir una lágrima, puedes comprender el dolor.

No te olvides que eres mi milagro.

Que te quiero feliz, con misericordia, con piedad, para que este mundo que transitas pueda acostumbrarse a reír.

Y si eres mi milagro, entonces usa tus dones y cambia tu medio ambiente contagiando esperanza y optimismo sin temor, ¡porque yo estoy a tu lado!

Arquitectura espiritual ®

Y si eres ateo o agnóstico y no te convenció ningún concepto de Dios y quisieras empezar a creer en un Dios verdaderamente poderoso y nuevo, haz "como si creyeras" y acabarás creyendo.

Quiero concluir este capítulo con los programas, creencias y sentimientos que, con la técnica Theta Healing puedes descargar para estar abierto a los milagros, las Diosidencias y la fe. Es importante que un terapeuta certificado te los instale:

Milagros Theta Healing

- Comprendo la definición de milagro de "El creador de todo lo que Es" desde el Séptimo plano.
- Sé cómo se siente un milagro.
- Sé cuándo hay un milagro.
- Sé cómo manifestar y ser testigo de un milagro.
- Sé cómo vivir mi vida a diario con milagros.

- Conozco la definición, perspectiva y entendimiento de milagros de "El creador de todo lo que Es".
- Sé que es posible ser testigo de milagros.

Fe

- Comprendo la definición de fe de "El creador de todo lo que Es".
- Sé lo que se siente al tener fe.
- Sé cómo vivir mi vida diaria con fe.
- Conozco la perspectiva de la fe de "El creador de todo lo que Es".
- Sé que es posible tener fe.

Magia

- Comprendo la definición de magia de "El creador de todo lo que Es".
- Sé lo que se siente tener magia.
- Sé cómo tener magia.
- Sé cómo vivir mi vida a diario con magia.
- Conozco cuál es la perspectiva de magia de "El creador de todo lo que Es".
- Sé que es posible experimentar la magia.

Intuición

- Comprendo la definición de auténtica intuición de "El creador de todo lo que Es" desde el Séptimo plano.
- Sé lo que se siente en confiar en mi intuición.

- Sé cuándo confiar en mi intuición.
- Sé cómo confiar en mi intuición.
- Sé cómo vivir mi vida a diario confiando en mi intuición.
- Sé que es posible confiar en mi intuición.

Recuerda:

Las Diosidencias siempre ocurren a nuestro alrededor y en nuestro favor. Hay que estar alertas para recibirlas y sacarles provecho.

El dolor, la prisa o el pesimismo nos impiden gozar de ellas.

No debo forzar las cosas. Cuando suelto, regresa a mí.

Si fluye, es de Dios. Si no fluye, no es para ti.

Un nuevo concepto de Dios, meditación y oración cotidianas nos preparan para estar abiertos y receptivos a las Diosidencias

El poder de
tus pensamientos

Para entender cómo opera nuestra mente y por qué dejamos que nos gobierne, es importante saber qué es la neurosis. Desde mi punto de vista, todos somos neuróticos en mayor o menor grado por el simple hecho de vivir en una ciudad asfixiante. La percepción de las cosas sustituye al hecho mismo. Es decir, pesa más la interpretación de las experiencias que vivimos, que la experiencia misma. Para tener una idea de hasta qué grado los pensamientos nos gobiernan, es importante saber esto: en el cerebro, el lugar donde se encuentra nuestra percepción, es donde se ubica la realidad. He ahí donde debemos trabajar. En mejorar la interpretación y la percepción de las cosas para no vivir en la ilusión del miedo, las preocupaciones o la culpa. ¡Lo que crees, lo creas!

Neurosis

Querido lector, te comparto la siguiente información para entender hasta dónde pueden llegar a destruirnos nuestros pensamientos. Si no entrenamos la mente errada, no podremos ver los beneficios de los milagros en nuestra vida. Esta información está basada en la filosofía y enseñanzas del grupo de Neuróticos Anónimos al que acudía en Coral Way, Florida, para encontrar paz y estudiar la enfermedad como la aficionada psicóloga que soy.

La neurosis es una enfermedad mental, emocional y espiritual que nos lleva a una existencia solitaria y es causada por nuestro egoísmo que nos impide adquirir la habilidad de amar. El Dalai Lama dice que el amor no es un sentimiento o emoción, sino un arte donde la voluntad, la disciplina y la práctica son necesarias. Los síntomas de la neurosis son dolorosos: tristeza prolongada, miedos excesivos, soledad, depresión, ansiedad, culpabilidad, remordimientos y cualquier emoción tormentosa. La enfermedad es la misma en todas las personas, sólo varían los detalles superficiales. Es curada por la eliminación del egoísmo y la adquisición de la habilidad para amar. La ciencia ha demostrado que el egoísmo se da desde la etapa fetal. La neurosis es tan vieja como la raza humana, toda sociedad ha tenido miembros que la han padecido y hasta recientemente había frustrado a todos los investigadores que, a través de la historia, habían buscado su sanación. Es el problema número uno de salud pública, en Estados Unidos. Es progresiva y puede llegar a ser mortal si no se le controla.

Según la literatura y el método de Neuróticos Anónimos (NA), los enfermos emocionales pueden recuperarse si aprenden a amar y eliminan el egoísmo. Pero para esta ardua tarea se necesita algo más grande que la fuerza de voluntad. Se trata de un Poder superior o Dios, como cada quien lo conciba, ya que el intelecto no basta para lograr el cambio deseado. Pero en la causa está la cura: todo ser humano nace egoísta y debemos adquirir la habilidad de amar.

Si no la adquirimos, continuaremos siendo egoístas y eso nos impedirá ser felices. Si un niño no controla su egoísmo (nunca se llega a eliminar del todo, por eso la soberbia es la madre de los pecados capitales o defectos de carácter), tendrá problemas con sus padres, parientes, prójimos y compañeros. Después, con sus jefes, amigos y familia, es decir, prácticamente con cualquiera y en cualquier situación. Pasará por emociones y sensaciones negativas como soledad, depresión, ansiedad, culpa, etcétera. Se dice que la enfermedad es progresiva y mortal porque, si no se somete a tratamiento, puede llegar a una profunda psicosis y provocar conductas antisociales, adicción a drogas, suicidio y hasta convertir a la persona en homicida. No hay esperanza hasta que la persona aprenda a amar y se sobreponga a su egoísmo. Para recibir amor, primero debemos darlo.

El egoísmo y su inhabilidad para amar es la causa de muchos problemas como:
- Niños abandonados por sus padres.
- Acciones criminales.
- Divorcios.
- Padres negligentes.
- Adicciones.
- Manifestaciones y protestas callejeras.
- Accidentes de tránsito.
- Rebeliones en la juventud.
- Agresiones en universidades.
- Insatisfacción y descontento de esta generación.
- Guerras.

- Avaricia.
- Desfalcos.
- Descontento en ciertas clases sociales.
- Desigualdad de oportunidades.

Las naciones nunca llegarán a curarse hasta que los individuos que las gobiernan estén curados. El egoísmo provoca que una persona se rebele contra el establecimiento de cualquier orden social: su jefe, su esposa, sus amigos. El egoísta quiere que las cosas se hagan a su manera. La buena noticia es que la enfermedad emocional, en este caso la neurosis, se puede curar si ponemos en práctica los doce pasos.

Ruptura de relaciones. Expectativas y desapego

Lo que más duele cuando terminamos una relación, además de la ruptura, son las expectativas que no se llenaron o que no se alcanzaron. Más allá de lo que una persona hizo o dejo de hacer, actitudes, palabras u omisiones, lo que más nos hiere son nuestras propias expectativas no alcanzadas. Sin embargo, es importante detectar que éstas son una mera ilusión, una falsa creencia, una idea ficticia, irreal, caprichos del ego. Es todo un combo: matrimonio e hijos igual a felicidad o estabilidad eternos, pero esto es sólo un deseo, hay que dejar de sufrir por relaciones irreales o idealizadas, por personas en quienes depositamos la imposible tarea de hacernos felices, pues finalmente esto es una utopía.

Somos verdugos de nuestra propia mente. Todos tenemos, en algún momento, ideales irreales o inalcanzables que vienen desde el ego: yo quiero, yo merezco, yo necesito, yo dependo. Don Miguel Ruiz, en su gran libro de sabiduría tolteca *Los 4 acuerdos*, dijo: "No supongas nada." Hay que soltar. Porque esperar y no recibir, duele. Si queremos practicar principios espirituales, no debemos tener expectativas de nada. Ojo, no significa dejar de tener metas o caer en la mediocridad emocional o económica.

Las expectativas nos alejan del presente, del aquí y el ahora. Son un sueño inalcanzable. He tenido dos parejas que han hecho hasta lo imposible para darme gusto y tenerme contenta y acabaron frustrados y enojados (conmigo y con ellos), por no conseguirlo. Están luchando con una mente enferma, llena de prejuicios y exigencias. La de ellos y la mía. Luchan contra el mismísimo ego que todos tenemos. En realidad, nadie puede hacernos felices si no le bajamos a nuestras exigencias y cambiamos de óptica: una más constructiva basada en el agradecimiento de lo que sí tengo y lo que sí soy, en vez de lo que me falta. Hay que ser felices con lo que tenemos. La aceptación es otro principio espiritual. Vivir en el amor, el perdón y la gratitud es a lo que venimos.

Se trata de dejar de enfocarnos en el *tener* y en el *hacer* para, simplemente, *ser*. Es casi imposible dejar de tener expectativas cuando iniciamos una relación. Al menos inconscientemente, siempre esperamos algo del otro. El desapego nos ayuda a romper expectativas. A vivir como los alcohólicos: "Sólo por hoy." El tiempo en esta era que vivimos, ya no es lineal. La recuperación es espiral, donde a veces bajamos y nos regresamos, pero para tomar más vuelo y subir de nivel de consciencia.

Si perdimos a una pareja (no importa el motivo o quién decidió terminar), no queda más que bajarle a nuestras expectativas, trabajar en nuestro interior, recuperarnos elevando nuestra autoestima y después, ¡seguir haciendo *casting*! Lo ideal es tener un periodo de al menos tres meses de abstinencia. Es decir, sin pareja o relaciones sexuales, para limpiar energías y sanar. Claro que esto puede variar según el trabajo interior y circunstancias de cada persona. Y es que si iniciamos otra relación cuando recién terminamos otra, se corre el riesgo de contaminar emociones, comparar y hacer que la actual pareja "pague los platos rotos", porque quizá aún seguimos dolidos o confundidos.

Es importante respetarnos y respetar a nuestro cuerpo. Atravesar el duelo con dignidad. Es un túnel inevitable. No existen atajos y cualquier acción que hagamos para saltarnos ese paso y resistirnos será contraproducente y más dolorosa. Las lecciones se repiten si no se aprenden. *Lo que resistes, persiste.* Para no seguir cometiendo los mismos errores, hay que trabajar en nuestros aprendizajes. *Lección no aprendida, lección repetida.*

Y si estamos en una relación de pareja, lo mismo: "Bajarle dos rayitas" a las expectativas para ver lo que tenemos y no lo que nos falta. Practicar la gratitud. Las expectativas son la manifestación del ego. Las expectativas son parte del deseo de sustituir una relación o persona con otra, pero los hombres o las mujeres no son cosas que se sustituyen con otra persona: "Ya no tengo quién me mantenga o con quién tener relaciones sexuales, entonces busco quién me dé eso." Quiero un "sustituto" dice el ego. Esta cuestión sexual es más común en los hombres, porque la mayoría de ellos (al menos en mi experiencia), no saben estar solos.

Es común cuando terminamos una relación, empezar a extrañar a la persona a pesar de los resentimientos que tengamos. Es importante detectar que, cuando extrañamos a la persona, de alguna manera estamos idealizándola, nos enfocamos en sus virtudes solamente y comenzamos a olvidar los defectos o motivos por los cuales terminó la relación. Comenzamos a añorar los buenos tiempos, pero esto es ficticio y sería injusto volver a buscar a esa persona sólo porque la extrañamos o nos sentimos solos y tristes; ya que eso no es amor auténtico sino codependencia. El desapego debe practicarse con amor y aceptación (no resignación). *El desapego o decirle adiós a alguien, es un acto de amor.*

En alguna ocasión terminé rápido una relación con un hombre muy enfermo emocionalmente ("para eso me alcanzó", como dice el doctor Rubén González Vera), y mi madrina o guía espiritual me dijo que no puede haber un cierre de ciclo amistoso con un hombre así porque, en una relación enfermiza, no puede haber finales felices. Me obsesioné porque quedáramos como amigos, pero descubrí que era imposible. Todo aquello que hiciera para quedar en paz era usado en mi contra para seguir ofendiéndome. Aprendí la regla de oro: *En una relación enfermiza no puede haber un final amistoso.*

Divorcio e infidelidad

La vivencia de un divorcio puede ser uno de los momentos más dolorosos de nuestra vida. Podemos sentir que nos morimos sin esa persona. Puede venir una depresión o enfermedades si no sabemos manejar este luto. A veces esa persona en la que invertimos tiempo, dinero y esfuerzo emocional y físico, acaba con otra pareja quien gozará los beneficios de lo que vivió y aprendió con nosotros. Lo que me funcionó cuando me divorcié, y tuve un par de rupturas amorosas, fue trabajar en mi interior. Regresar la mirada a mí. Hacerme responsable de mis emociones y de las acciones que hice y que, de alguna manera, me hicieron corresponsable de esa infidelidad. Sin culpas, prejuicios o autoexigencias. Sin drama.

Cuando descubrí la infidelidad de mi ex sentí que me desvanecía. Fue al recibir una llamada anónima donde me informaron que estaba con "otra" y que llamara al número del hotel que me dieron para comprobarlo. Llamé y, efectivamente, la recepcionista me indicó que el "señor X" acababa de dejar la habitación con su esposa. Las piernas me temblaron, sentí la sangre correr por ellas, me debilité y sentí ganas de llorar… ¡Pero también de romperle un florero en la cabeza! Qué bueno que nunca más lo tuve enfrente en aquel entonces. ¡Ahora entiendo por qué existen mujeres asesinas! Me pidió la oportunidad de "explicarme", pero sabía que si lo veía, me iba a convencer y a "dorarme la píldora" una vez más con sus manipulaciones. Era una verdadera codependencia, adicción a él y a las relaciones de pareja.

Le pedí que lo que tuviera que decirme me lo escribiera en una carta y lo hizo.

Confesó y reconoció su infidelidad. Una de mis madrinas a quien llamé para pedirle ayuda, me dijo: "Desapégate, trata de verlo como si estuvieras viendo una película donde tú no eres la protagonista y date cuenta que eres responsable de lo que te toca, ejerciste actitudes codependientes." Inmediatamente, el dolor disminuyó y entró una inexplicable paz. Sus palabras tenían sentido. Pedí la guía y dirección de un grupo de autoayuda y me fui a un retiro de cuarto y quinto pasos de AA, venciendo toda vergüenza, prejuicio y orgullo para confrontarme siendo "figura pública" y exponiéndome a ser señalada. Un paparazzi publicó fotos mías entrando a ese lugar, donde me salvaron la vida. Tuve un verdadero despertar espiritual en ese retiro llamado Agua Viva, basado en los principios espirituales de AA y funciona para cualquier problema o enfermedad emocional. Este es un retiro tanto para comedores o jugadores compulsivos, adictos al ejercicio, al trabajo, alcoholismo, neurosis, codependencia, etcétera. Sólo Dios pudo arrancarme el dolor que sentía. Fue una "disección espiritual", como si me abrieran el cuerpo, me vaciaran y limpiaran de tanto veneno emocional, resentimientos, culpas y miedos.

Me vaciaron para llenarme de Dios. Para llenar a un vaso de agua purificada, es necesario vaciarlo primero. Eso mismo me sucedió. A veces es necesario experimentar el vacío o el sufrimiento para tener crecimiento espiritual. La sombra es necesaria para que exista la luz. Al final, nos damos cuenta de que no existe el mundo dual. Sólo la unicidad. Pero ahora también sé que podemos aprender sin dolor. Eso lo aprendí varios años después al estudiar UCDM.

De las relaciones debemos irnos con las manos llenas, es decir, con un aprendizaje para aplicarlo en nuestra futura relación. Ver la vida con optimismo y decirnos: "A lo que sigue", en lugar de "ex". "Next" en vez de "ex". Practicar el desapego. Salir de la victimización y auto-conmiseración, porque son el otro lado de la moneda del ego: sentir que somos el centro de atracción, las víctimas de alguien.

El psicólogo experto en parejas, Rubén González Vera, quien dirige el movimiento *Parejas despiertas*, es un querido amigo que asegura que debemos ganarnos el derecho al divorcio. Es un método interesante para intentarlo todo antes de dar el paso. Para mí ha sido lo más doloroso que he vivido, porque es una crisis muy severa.

Las estadísticas dicen que nueve de cada diez parejas se ponen el cuerno. Según algunas corrientes psicológicas, no existen las personas infieles sino parejas infieles. Ambos se ponen de acuerdo a nivel inconsciente para que exista la infidelidad. La ideología machista promueve la infidelidad. Si queremos crecer, hay que perdonar la infidelidad. Por salud propia, no por el otro. Debemos perdonar siempre. *El perdón nos sirve para liberarnos, es un acto de amor a uno mismo.* No se ofrece al ofensor, sino a Dios. Es un acuerdo entre nuestro Poder superior y nosotros. Por lo tanto, no debe importarnos la reacción del perdonado. Aunque perdonar no significa olvidar o volver a aceptar a la persona que fue infiel o nos lastimó. Debemos hacer un examen de conciencia honesto para saber y detectar "los focos rojos" que no quisimos ver antes de que nuestra pareja nos fuera infiel. Muchas veces "nos ponemos de pechito" y toleramos ciertas conductas o acciones que derivan en una infidelidad. Las faltas de respeto, mentiras u ofensas van en aumento hasta que pueden llegar a una traición. *La mayoría de las infidelidades suceden porque hay mucho resentimiento hacia la pareja.*

Debemos poner condiciones para regresar con un infiel, como ir a terapia varios meses, porque no deja de ser una traición. Pero si perdonamos de corazón y queremos retomar la relación, debemos hacer un verdadero esfuerzo por dejar de reclamar en un futuro ese grave error. Es por amor a nosotros que debemos hacer a un lado las conductas tóxicas, como reclamar asuntos del pasado, revisar o esculcar bolsos, computadoras o celulares. El respeto y el amor comienzan por uno mismo.

El concepto de pareja está en crisis severa. En Estados Unidos, siete de cada diez matrimonios terminan en divorcio. Lo triste es que la mayoría de los que siguen casados están divorciados emocionalmente: "Duermen con el enemigo." No hay peor soledad que ésa. Lamentablemente, nueve de cada diez divorcios son inútiles, es decir, se van con las manos vacías, sin aprendizaje. Repiten patrones y los mismos errores corregidos y aumentados, en su siguiente relación. La mayoría "cambian de demonio" pero continúan viviendo en el mismo infierno. No sabemos amar y estamos en proceso de aprendizaje, un aprendizaje que nunca termina. Venimos a este mundo a aprender.

Los divorcios y la infidelidad son sólo un síntoma de un problema más profundo: *estamos divorciados de nosotros: por eso acabamos divorciados de la pareja.* Por lo menos emocionalmente. La infidelidad es un tsunami emocional a partir del cual podemos destruir o construir. Depende de cómo queremos ver las cosas o capitalizar los errores. Hay parejas que, a partir de sus infidelidades, comienzan a funcionar.

Si algo aprendí del taller de Rubén es que somos los únicos responsables, como individuos, de que nuestras relaciones funcionen. La vida en pareja es negociación, no imposición. No es suficiente que cada uno ponga 50 % de esfuerzo, se necesita el 100 % de cada uno. La vida en pareja es para adultos emocionales. Por lo general, en vez de dos adultos emocionales se unen dos niños heridos queriendo mitigar su soledad, pero la acaban convirtiendo en una soledad "al cuadrado". Buscamos quien nos rescate para no estar solos y eso tiene su precio. Necesitamos trabajar psico-espiritualmente en la pareja. El proyecto en pareja es "volitivo", es decir, funciona desde la voluntad. La pareja es el mejor lugar para crecer y evolucionar, porque es el ser que mejor nos conoce, ya que vive con nosotros.

La fidelidad comienza desde cómo nos expresamos de nuestra pareja con los demás. Si hablamos mal de la pareja, hablamos mal de nosotros. La mayoría de los proyectos de pareja fracasan porque es el inconsciente el que nos rige la mayor parte del tiempo. El antídoto: desarrollar nuestra conciencia para que la sombra y actos inconscientes disminuyan, y que sea la conciencia, en cambio, la que nos gobierne la mayor parte del tiempo. El consciente propone y el inconsciente dispone. Para tener una pareja de excelencia, debemos alinear consciente e inconsciente.

Lo que criticamos de nuestra pareja es lo que traemos dentro: "La pareja que tenemos es para lo que nos alcanzó nuestro nivel de conciencia." Una princesa no anda con un enfermo, macho, misógino, controlador, celoso, obsesivo, adicto, alcohólico, etcétera. Las chanclas caminan en pares, nunca he visto una zapatilla de ballet emparejada con una chancla, ¿tú sí?

La tarea está en *comprometernos con nuestra pareja para protegerla de nuestra sombra y nuestro lado destructivo, saboteador y primitivo, de nuestro ego.* Mientras no perdamos de vista al ego, al bicho, al enemigo, podremos combatirlo o trascenderlo, si nos distraemos, llegará con toda su fuerza cuando menos lo esperemos. Hay que trabajar también a nivel individual, salirnos de nuestra zona de confort y entrarle a la confrontación para reconocer nuestras heridas y carencias. Descubrir la verdad sobre quiénes somos, no quedarnos con la idea, imagen o etiquetas que nuestros padres, la sociedad o la Iglesia nos colocaron. Lograr una verdadera autoaceptación y conciliar nuestra sombra para integrarla a nuestro ser. Abrazar nuestras heridas. Dejar de engañarnos con atributos que no tenemos. Amar y reconocer nuestras limitaciones y debilidades. Si no resolvemos nuestros temas de inconsciencia con nuestra pareja actual, se verán repetidos con cualquier otra pareja. Hay explicaciones psicológicas que dicen que el ser humano tiende a repetir lo que ve. Si venimos de una familia disfuncional, lo repetiremos con nuestra pareja (de forma inconsciente), incluso aquello que criticábamos de nuestros padres. Según González Vera, para una pareja de excelencia son necesarias cinco cosas:

1. Amor.
2. Incluir a Dios.
3. Humildad.
4. Nobleza.
5. Capacidad autocrítica.

Amar es aceptar los defectos del otro y disfrutar sus virtudes. Si ya llevas un camino espiritual y de trabajo interior recorrido, atrévete a pedirle a tu pareja la prueba de amor moderna: acudir al taller de parejas despiertas, a un retiro espiritual de cuarto y quinto pasos, tomar terapia o lo que pueda ayudar al crecimiento de ambos. Si no lo quiere hacer, agradece que haya salido a tiempo del clóset el príncipe, para que veas que es un simple sapo.

Miedo y culpa: gigantes que matan

Mientras escribía este capítulo viví una fuerte catarsis. Una infección en garganta que me dejó afónica, malestar estomacal y diarrea, dolor en todo el cuerpo y articulaciones, así como pensamientos negativos y "derrotistas" que me asaltaron. Tenía infección en los ojos (amanecí cuatro días con lagañas) como si se me cayera un velo para ver con mis ojos espirituales. Es decir, somaticé a mis dos enemigos más grandes a nivel mental: miedo y culpa. Ambos irreales pero poderosos si les damos rienda suelta. Me despertaba varias veces por las noches como si el Espíritu santo me urgiera a seguir escribiendo. Es como si al escribir este capítulo, reconociendo el poder de la mente, estuviera pasando un examen para ver si ya había logrado controlar mis pensamientos que sé, son los que me hacen enfermar. Mi maestra, Amalia Pérez, del Curso de Milagros, me dijo que el Espíritu santo me estaba purificando y que la mayoría de quienes trabajan a fondo con el curso, pasan por algo similar. Es una limpieza. Crisis de sanación o curativa.

El miedo no es real. Es imaginario, una ilusión. El miedo sobre el futuro sólo existe en nuestra mente y en nuestros pensamientos. Es producto de nuestra imaginación, provocándonos temer cosas que quizá jamás existan. Pero el poder que a veces le damos al miedo, es increíblemente fuerte y sus efectos sí pueden llegar a ser reales. Lo único que es real es el peligro, pero no el miedo. En inglés las siglas de la palabra *fear* (miedo), significan *false evidence appearing real* (falsa evidencia que aparenta ser real). Mi hermana me dio otros dos significados para elegir la actitud que deseamos: *fear = fuck everything and run*, o *fuck everything and rise* (manda todo a la goma y corre, o manda todo a la goma y crece). Siempre tenemos esas dos opciones: "Crecer o no crecer, ésa es la cuestión."

La mente gobierna nuestro cuerpo, acciones y emociones: "Como pienso, me siento." La mente es nuestro mejor o peor enemigo. Échale un vistazo a este texto que me llegó para entender cómo funciona la mente:

Le preguntaron a Rumi, maestro espiritual persa del siglo XIII:

—¿Qué es el veneno?

—Cualquier cosa más allá de lo que necesitamos, es veneno. Puede ser el poder, la pereza, la comida, el ego, la ambición, el miedo, la ira, o lo que sea...

—¿Qué es el miedo?

—La no aceptación de la incertidumbre. Si aceptamos la incertidumbre, se convierte en aventura.

—¿Qué es la envidia?

—La no aceptación de la bienaventuranza en el otro. Si lo aceptamos, se torna en inspiración.

—¿Qué es la ira?

—La no aceptación de lo que está más allá de nuestro control. Si aceptamos, se convierte en tolerancia.

—¿Qué es el odio?

—La no aceptación de las personas como son. Si las aceptamos incondicionalmente, a continuación, se convierte en amor.

—¿Qué es la madurez espiritual?

—Es cuando se deja de tratar de cambiar a los demás y nos concentramos en cambiarnos a nosotros.

Es cuando aceptamos a las personas como son.

Es cuando entendemos que todos están acertados según su propia perspectiva.

Es cuando se aprende a "dejar ir".

Es cuando se es capaz de no tener "expectativas" en una relación, y damos de nosotros mismos por el placer de dar.

Es cuando comprendemos que lo que hacemos, lo hacemos para nuestra propia paz.

Es cuando uno para de demostrar al mundo lo inteligente que es.

Es cuando dejamos de buscar la aprobación de los demás.

Es cuando paramos de compararnos con los demás.

Es cuando se está en paz consigo mismo.

La madurez espiritual es cuando somos capaces de distinguir entre "necesidad" y "querer" y somos capaces de dejar ir a ese "querer".

¡Por último y lo más importante!: ¡Se gana la madurez espiritual cuando dejamos de anexar la felicidad a las cosas materiales!

Entrena tu cerebro para la felicidad

Rick Hanson, el autor del libro *Hardwiring Happiness: The New Brain Science of Contentment, Calm And Confidence* (*Cableando felicidad: la nueva ciencia del cerebro de la alegría, la calma y la confianza*), nos comparte que cuanto más tiempo nuestras neuronas logren disparar emociones como la felicidad, la gratitud o la esperanza, más se quedan registradas y de una forma más intensa en nuestro cerebro.

El problema radica en que nosotros tenemos una tendencia a quedarnos más enganchados a las experiencias negativas que a las positivas, por eso es que no le brindamos el tiempo suficiente a lo bueno para que se pueda fijar en nuestra memoria a largo plazo. El cerebro tiende a reaccionar de una manera muy intensa ante las malas noticias, mientras que a las buenas las deja pasar más rápido. Nuestro cerebro está acostumbrado a detectar amenazas y debemos entrenarlo para sacar provecho de las buenas experiencias, ya que las situaciones positivas por las cuales atravesamos también contribuyen a nuestro crecimiento interno.

Para preparar nuestro cerebro a que esté receptivo a la felicidad es importante que podamos disfrutar del presente y atesoremos los momentos alegres de nuestra vida. Hay que transformar las experiencias positivas en recuerdos emocionales duraderos. Todos los días atravesamos por momentos positivos, algunos sutiles, otros grandes, lo importante es tomarlos en consideración, apreciarlos, permitirnos alegría, quedarnos extasiados y sentir que su intensidad quede prendada en nuestro cerebro. Las experiencias cotidianas son nuestras aliadas si sabemos apreciarlas. Cuando somos capaces de tomar en consideración las experiencias positivas, nos sentimos más realizados, seguros, amados, respetados. Es decir, ocuparse en vez de preocuparse, actuar antes de quedarnos con los brazos cruzados sumidos en el dolor.

Las experiencias positivas deben ser bienvenidas y vividas desde el asombro, como si fuéramos niños, viviendo algo con entusiasmo y alegría. Recuerda que el dolor es para transitarlo por un tiempo, no quedarnos pegados a él y estancados.

A veces parece que nuestro cerebro puede ser nuestro enemigo, pero es cuestión de cómo lo programemos. Años de evolución nos han preparado para lo peor y para sobrevivir, pero sobrevivir no es vivir y es hora de darle paso al bienestar, abrazando las experiencias positivas, sencillas o gigantes, para que nuestra mente juegue con nuevas cartas y vivamos desde la felicidad.

Tu acción enfocada

Es imposible confiar en la veracidad de lo que
ven nuestros ojos si nuestra mente está desenfocada.
Mark Twain

¿Qué sucedería si antes de tomar cualquier decisión o salir tras cualquier meta, pudieras identificar, sin temor a equivocarte, el camino que debes seguir, aquel que te permitirá alcanzar y disfrutar niveles de éxito, felicidad y prosperidad, que nunca has imaginado?

Muchas personas creemos que el trabajo duro y constante es la clave del éxito. Hay quienes trabajan mucho más en su empleo y poco en ellos, lo cual puede ser la causa fundamental de su falta de progreso. Hay un trabajo mucho más importante: algunas personas creen que es la suerte, otras creen que es el dinero, otras piensan que es la educación. En realidad se trata del poder de la acción enfocada, que consiste en concentrar tu energía en un mismo punto, sin perder el enfoque, hasta lograr tu cometido, actuando como la gota de agua, que por su acción constante y persistente en el mismo lugar, llega a perforar la roca más sólida. El doctor Stephen R. Covey, autor de *Los 7 hábitos de la gente altamente efectiva,* lo expresó como "tener un fin en mente", enfocarse en un punto y trazar una estrategia teniendo en cuenta "primero lo primero", estableciendo prioridades, aumentando nuestro círculo de influencia y reduciendo el círculo vicioso de preocupación.

Debemos tener absoluta claridad respecto a lo que deseamos alcanzar por qué queremos lograrlo, en qué dirección debemos movernos y si las metas que perseguimos van de acuerdo con nuestro propósito en la vida. Muchas veces actuamos sin saber si lo que estamos haciendo nos está acercando a nuestras metas o no.

Ocupar nuestro tiempo en ser felices, en asegurarnos que estamos trabajando para materializar nuestros sueños y vivir la vida de acuerdo con nuestros valores y principios que guíen nuestras acciones, para tomar las decisiones correctas, especialmente en los momentos difíciles.

Actúa y vive con un propósito claro, sabiendo por qué y para qué lo haces, solamente así tendrás dirección y sentido, de esta forma lo más probable es dar en el blanco. Y para ello la meditación ayuda muchísimo.

La fórmula secreta del hombre más feliz del mundo

Matthieu Ricard es un monje budista de origen francés, de 66 años, reconocido como "el hombre más feliz sobre la tierra". Dejó la vida intelectual de París hace 40 años y se trasladó a la India para estudiar budismo. Se convirtió en un monje prominente en el monasterio de Shechen Katmandú, en India, y actualmente, divide su tiempo entre la práctica de la meditación aislada, la investigación científica, los viajes acompañando al Dalai Lama y las conferencias que da.

Respecto a su título o proclamación como "el hombre más feliz del mundo", se debe al resultado obtenido de escaneos cerebrales, donde se comprobó que presenta un tamaño superior al de una persona normal, de la zona en donde se registra la felicidad. Los investigadores lo han autentificado como un ejemplo de felicidad real, ya que los estudios están basados no en suposiciones, sino en pruebas científicas. Le hicieron, también, un estudio sobre el impacto que la meditación tiene en el cerebro y en las funciones de éste. Dicho análisis se lo han hecho a varios tipos de personas que tienen una práctica avanzada en la meditación, cuyos resultados son sorprendentes y coinciden en que, definitivamente, la meditación produce felicidad a nivel físico-químico en el cuerpo humano.

El neurocientífico Richard Davidson, de la Universidad de Wisconsin, aplicó un cableado con 256 sensores al cráneo del monje: los escáneres mostraron que, al meditar, el cerebro de Ricard produce un nivel de ondas gamma (las vinculadas a la conciencia, la atención, el aprendizaje y la memoria): "Nunca reportadas en la literatura de la neurociencia." También se visualizó un exceso de actividad en la corteza prefrontal izquierda de su cerebro, en comparación con su zona derecha, dándole "una capacidad anormalmente grande de felicidad y una menor propensión hacia la negatividad", algo conocido como neuroplasticidad. "Hemos estudiado durante 12 años los efectos de corto y largo plazos del entrenamiento mental a través de la meditación y su efecto en la atención, compasión y equilibrio emocional", dijo el investigador principal.

Asimismo, otro de los grandes estudiosos sobre este tema, el doctor y conferencista Joe Dispenza, (quien tuvo una fuerte lesión en varias vértebras por un accidente, pero gracias a sus estudios sobre el poder de la mente y los pensamientos positivos, la meditación y visualización cotidiana, logró regenerar sus vertebras y médula ósea, además pudo caminar y recuperar sus actividades normales después de nueve semanas y media de estar postrado en una silla de ruedas) asegura:

Aprenderás cómo la relativamente nueva y excitante ciencia de la epigenética ha arrasado la idea de la vieja escuela de que los genes determinan tu destino, al enseñarnos que la mente puede ordenar que genes nuevos se comporten de formas nuevas. Descubrirás los complejos mecanismos del cuerpo para activar algunos genes y desactivar algunos otros, lo cual significa que no estás condenado a expresar cualquier gen heredado. Es decir, puedes aprender a cambiar tus rutas neuronales para seleccionar genes nuevos y producir cambios físicos reales. El secreto está en hacer que tus pensamientos interiores sean más reales que tu entorno exterior. Si logras hacerlo las suficientes veces, transformarás tu cuerpo y empezarás a activar genes nuevos de formas nuevas, con lo que se producirán cambios epigenéticos como si la situación futura imaginada ya se hubiera materializado. Y entonces podrás vivir esta nueva realidad y convertirte en el placebo.[3]

Davidson y su equipo encontraron resultados notables a largo plazo en todos los participantes, que hicieron cincuenta mil rondas de meditación, veinte minutos al día. Éste aseguró: "Es una zona maravillosa de la investigación, ya que muestra que la meditación no es sólo alcanzar el éxtasis bajo un árbol, sino que cambia completamente tu cerebro y por lo tanto cambia lo que eres." Los investigadores ahora están convencidos de que la meditación puede alterar el cerebro y brindar felicidad a las personas, de la misma manera que ejercitarse con pesas mejora los músculos. (Fuente: publicado 01/11/12 por *Hola doctor*).

¿Qué esto no es un milagro?

Consejos para ser feliz según Ricard

Sobre la meditación:

"Es imposible detener los pensamientos que vienen, pero centrándose en un determinado sonido, o en el aliento que entra y sale, se calma la mente, dándole mayor claridad. El control de la mente no se trata de la reducción de la libertad: se trata de no ser un esclavo de sus pensamientos."

"Si nota que su mente divaga, simplemente vuelva a concentrarse en su respiración. Esto se conoce como la atención. Usted también puede aplicarla a otras sensaciones que lo pondrán en el «ahora», en lugar de vivir en el pasado o el futuro. Usted puede centrarse en el calor, el frío y los sonidos."

"Todo el mundo ha sentido el amor, un sentimiento que todo lo consume, y que por lo general sólo tiene una duración de quince segundos, pero se puede aguantar y alimentar este sentimiento vívido, centrándose en él a través de la meditación."

"Al igual que cuando se toca el piano, practicar la meditación durante 20 minutos tiene un impacto mucho mayor en el tiempo que unos pocos segundos. La práctica regular es tan necesaria como regar una planta."

"Puede utilizar la meditación para quitar un poco de espacio a las emociones negativas."

"Usted verá los beneficios en los niveles de estrés y el bienestar general, así como cambios en el cerebro con la práctica habitual en un mes. Aquellos que dicen que no tienen tiempo suficiente para meditar, deben buscar en los beneficios: «Si usted tiene los recursos para hacer frente a todo lo demás durante las otras 23 horas y 30 minutos, meditar me parece una manera digna de pasar 20 minutos.»"

Reprograma tu mente

El contenido de estas reflexiones que están basadas, a su vez, en sabiduría milenaria, nos demuestra que tanto la felicidad como la desdicha están en la mente de cada uno. Es ahí donde se gesta el éxito o fracaso de una persona. Por eso es que debemos reprogramar nuestra mente y espíritu a través de la meditación, del cambio de hábitos, de creencias, de un profundo análisis de nosotros como individuos y como parte de una sociedad, si queremos ser felices y que las cosas positivas lleguen a nuestras vidas. Es impresionante cómo nuestra sociedad está enferma emocionalmente, ya que se dedica a inculcarnos lo negativo en vez de lo positivo: desde chicos nos programan a través de las religiones a sentirnos culpables o indignos del amor de Dios. Asimismo, las redes sociales nos hacen ocuparnos de las vidas de los demás (criticar, juzgar o bulear), en lugar de las nuestras. ¡Y los noticieros nos infunden miedo las veinticuatro horas continuas! Por eso *hoy* decidí escribir este libro, para equilibrar los mensajes que he dado en los noticieros. Hoy quiero comunicar fe, esperanza y fortaleza.

Los enemigos de la felicidad son el miedo, la culpa y la vergüenza. Atrás de una persona culpígena hay una exigente. Desde que recuerdo, he sido sumamente exigente y perfeccionista conmigo y con los demás. Cuando me divorcié, sentí que había faltado gravemente a la promesa de: "Hasta que la muerte nos separe", además de haber sido yo la que pidió el divorcio y llevarme a mi hijo a vivir a Miami por mi nuevo trabajo en Univisión y "alejarlo de su papá y abuelos". Debido a estos sentimientos de culpa y autoexigencia se me formó un tumor benigno en el seno derecho. Hasta ese momento no había visto la magnitud del poder de nuestros pensamientos, de cómo la mente dirige a nuestro cuerpo. Comencé, entonces, a estudiar UCDM.

El ego quiere hacernos creer que el cuerpo es lo más importante. Pero te pregunto: ¿A quién sirve tu mente? ¿Al ego o al Espíritu santo? *Si quieres ver milagros, pon tu mente al servicio de Dios, reconecta tu mente con la Mente crística* para pensar a imagen y semejanza de Dios. Pues los milagros ahí están siempre, pero los ojos del cuerpo no pueden verlos. Sólo los del espíritu. Dios nos dio el regalo más grande y lo respeta: el libre albedrío y la capacidad de elección para escoger y filtrar lo que quiero y elijo pensar. *El miedo es un imán* y lo que resistes, persiste. Lo he comprobado en carne propia. El posible intento de mi secuestro o robo de mi camioneta se dio "casualmente" (hoy entiendo que fue causalmente), cuando más miedo tuve y le di rienda suelta a mis pensamientos negativos. Y mucho fue por tantas noticias de periodistas asesinados, al grado de que busqué camionetas blindadas usadas para comprarme una. Mi hijo me pidió cambiar de profesión o de trabajo donde no reportara cotidianamente notas sobre el crimen organizado; así que ahora entiendo que yo atraje ese evento, esa energía negativa. Lo sé y lo siento.

En mi mente recreé varias veces lo que sucedería en una supuesta persecución en mi contra. Vi las imágenes claramente, mis reacciones, todo. Es decir, sólo se necesitan dos elementos juntos para que esto suceda: alguien con ganas de robar o secuestrar, y alguien con miedo a que le roben o lo secuestren. Nuevamente, si lo crees, lo creas. El Universo nos dice: "Tus deseos son órdenes." Somos responsables de lo que nos sucede, debemos retomar el poder y el control de nuestros pensamientos para crear un mundo pacífico. Por eso la Biblia nos recuerda que "sólo los niños entrarán al reino de Dios", porque hay que recuperar la mente inocente. Es decir, nuestra mente debe de estar limpia, lo más libre posible de negativismo, falsas creencias y de que nos pongamos y pongamos a los demás como blanco para que ocurran desgracias y no milagros. Esto dice Enric Corbera al respecto: "Para alcanzar la percepción inocente se hace imprescindible no hacer juicios." Seguimos percibiendo, pero nuestra percepción está en manos del Espíritu santo. Él nos enseña a percibir con una mente libre de juicios. Cuando percibimos sin hacer juicios, nuestra mente se libera y entonces puede empezar a crear, en vez de fabricar. Hay que tener en cuenta que nuestra mente está hecha a imagen y semejanza de nuestro Creador. Cuando pongo mi mente en manos del Espíritu santo, ésta tiene el poder de crear, tal como lo hace el mismo Dios.

Si deseamos curar nuestros males, hay que darnos cuenta de que la percepción de lo que llamamos realidad no es más que la proyección de nuestras creencias. Atraemos a nuestras vidas aquello de lo que pretendemos alejarnos porque le tenemos miedo. El miedo alimenta "el sueño de la separación de la divinidad",[4] o sea, el sentimiento de que estamos aislados de ésta y no formamos parte de ella. De que Dios es un ser que no habita en nosotros y es inalcanzable y vive muy lejos de nuestro ser. Y eso lo proyectamos hacia afuera en forma de sucesos negativos: robos, secuestros, enfermedades, etcétera.

Para UCDM, Dios vive en nosotros. Forma parte de nuestras células, porque estamos hechos con base en su esencia divina. Por tanto, *no existe el concepto de pecado. Sólo existe el error*, que puede deshacerse por medio del perdón, la salvación y la expiación. Esto dice al respecto, Corbera:

> El ego nos aleja del Espíritu santo con la creencia en el pecado. Esta creencia nos hace tener miedo a Dios, y como tememos que nos castigue, hacemos todo lo posible para agradarle. El ego alimenta constantemente esta cualidad con la creencia en la culpabilidad. Si sientes culpa, no podrás alcanzar la paz interior. Ésta es una de las finalidades del ego: que tengas miedo. La culpa nos hace vivir el tiempo como lineal, es

decir, si me siento culpable por algo que ocurrió en el pasado, esto enturbia mi presente y busco el castigo en el futuro. El ego es la creencia de que se puede prever el futuro, y como en el fondo sabe que no es así, sufrimos crisis de ansiedad.

Yo llegué a padecer ataques de ansiedad o pánico. Sentí que me moría. Los ataques llegan sin avisar y no se sabe con exactitud a qué le tenemos miedo. La primera vez lo sentí afuera de la guardería de mi hijo. Estaba subiéndome en el auto y me sentí completamente sola e incapaz de ser una buena madre, me acababan de dar la lista de las papillas, biberones, pañales y cambios de ropa que debía llevar a la nueva escuela. Todo era sencillo, pero como estaba entrando mucha información a mi mente que sufría de depresión postparto, se me hizo algo imposible y me empecé a sentir muy mal. Tenía hormigueo en los brazos, opresión en el pecho y no podía respirar bien. Llamé a un doctor y me dijo que tenía que buscar una bolsa de papel estraza, como las del pan, para respirar a un ritmo calmado. Apenas pude conducir hasta mi casa que, afortunadamente, estaba cerca de la escuela. Busqué la bolsa y comencé a respirar a través de ella. Me tranquilicé un poco.

La culpa de no sentirme buena mamá (los cambios hormonales ocasionaron que se me disparara la depresión postparto, acentuada con mi desempleo y mi divorcio), más el miedo al futuro, me llevaron a esa crisis de ansiedad. No pude disfrutar del presente. Yo vivía "dando bandazos entre el pasado y el futuro". Es decir, pensando en lo mal que me sentía por el divorcio y mi desempleo (hechos pasados) y me imaginaba o visualizaba mi situación económica desfavorable por no contar con suficiente dinero (*futurear*). No estaba en mi presente ni con la mente positiva. Creaba pensamientos y sentimientos negativos que se iban haciendo realidad. Si sucumbimos ante la culpabilidad y lo negativo, reforzamos el error, en vez de desecharlo. La expiación (borrar culpas a través de pedir perdón y perdonar) es una orden que le damos al Universo para deshacer el error. Pero si entramos en culpa, lo reforzamos. A veces la familia, hijos o pareja nos manipulan sutilmente a través de nuestra culpa. Yo solía ser así hasta que escribí y *vivencié* "mi inventario moral" en el retiro de cuarto y quinto pasos de Alcohólicos Anónimos. El programa de Doce pasos de AA nos permite conocernos, perdonarnos y unificar nuestro ser: nuestros "demonios y cristos interiores" se reconcilian y nos volvemos a enamorar de nosotros, recuperando nuestra dignidad. El cuarto paso me dio acceso a la cuarta dimensión, es decir a la de los milagros, llevé luz a mi sombra. Revisé en qué etapa de mi vida se descoyuntaron o desviaron mis instintos, dónde se "torcieron las raíces de ese árbol" de mi ser, que suele darse durante los primeros años. Y pude ver aquellos eventos donde se generó mi ansiedad, ira y demás defectos de carácter. Analizar mi pasado me quitó la sensación de locura. El cuarto paso es como encender una luz en un cuarto oscuro donde hay muebles con los que nos tropezamos porque no hay forma de verlos. Los muebles son nuestros defectos de carácter.

Los codependientes somos como niños inmaduros en cuerpos de adultos. Tenemos niveles variantes de autoestima. Minimizamos o exageramos casi todo. Somos hipersensibles. Nos afectan las acciones de los demás y tenemos la obsesiva necesidad de controlarlos. Pero UCDM nos entrena la mente para "cambiar el chip de los pensamientos negativos y la visión autodestructiva" y reprogramarnos sanando toda enfermedad física y emocional.

El ofensor primario es el resentimiento, nos cierra la luz del espíritu. Después, la venganza y la ira "es el veneno que nos tomamos" quienes sentimos odio por las otras personas y les deseamos el mal. La ira es el veneno que nos tomamos deseando dañar al otro.

A ti, ¿qué te gobierna, el miedo o el amor?

Cómo usar al Espíritu santo

El Espíritu Santo es el mediador entre la comunicación superior e inferior, celestial y terrenal. Es decir, entre nosotros y Dios. Aunque recordemos que nunca estamos separados de la divinidad. Porque la divinidad habita en cada uno de nosotros, así como en la naturaleza y todos los seres vivos. Pero el Espíritu santo tiene la misión de mantener abierto el canal directo de Dios hacia ti, es el medio para que recibas las revelaciones. Para que un milagro suceda, es necesaria la presencia de Espíritu santo. Es como si el milagro fuera el agua y el Espíritu santo el río o canal para que llegue el agua.

Hay que elegir al Espíritu santo para que nos ayude, para que interceda en la creación de los milagros. Cuando lo elegimos, optamos por la paz y el amor. *Las únicas alternativas que tenemos siempre y ante cualquier situación son: el miedo o el amor, el Espíritu santo o el ego*, tener paz o tener la razón (orgullo, ego). Acceder a la voluntad de Dios, unirnos a él, crear como Dios, en lugar de destruir. Esto dice Corbera:

El Espíritu Santo es invisible, pero puedes ver los resultados de su presencia, y por ellos te darás cuenta de que Él está ahí. Es claro que lo que Él te capacita para hacer no es de este mundo, pues los milagros violan todas las leyes de la realidad tal como este mundo la juzga.

Las leyes del tiempo y del espacio, del volumen y de la masa son trascendidas, pues lo que el Espíritu santo te alienta para hacer está claramente más allá de todas estas leyes físicas. No puedes ver al Espíritu santo, pero puedes ver sus manifestaciones. Lleva a cabo la labor del Espíritu santo, pues compartes su función. De la misma manera en que tu función en el Cielo es crear, aquí en la Tierra es curar. Dios comparte tu función contigo en el cielo, y el Espíritu santo comparte la suya contigo en la Tierra.

Enric Corbera explica la utilidad del Espíritu santo como nuestro gran aliado:

> El Espíritu santo es tu guía a la hora de elegir (...). Cuando ofreces al Espíritu santo la situación que te hace daño, él la reinterpreta y tú experimentas paz (...). El Espíritu santo es el maestro perfecto (...). Nos enseña que lo que parece diferente es igual, pero manifestado de una forma complementaria u opuesta. Cuando somos capaces de percibir a nuestro opuesto como una parte de nosotros, entonces la mente tiene la posibilidad de integrarse y así sanar. *La sanación es el resultado de dejar de percibir algo separado para interpretarlo como perteneciente a uno mismo. Ya no hay lucha, ya no hay culpa, sino comprensión.*

El ego es la creencia de que nosotros nos tenemos que ocupar de todos nuestros problemas y buscarles solución. Pero el Espíritu santo se encargará de nuestra seguridad y bienestar si ponemos todo lo que nos preocupa en sus manos. Esto no quiere decir que no tengas que ocuparte de ti y de los tuyos, sino que dejes en sus manos las preocupaciones y las inquietudes que no te dejan estar en paz (...). *Si no te sientes feliz, en paz, dichoso, tranquilo ante cualquier situación, estos son indicios de que has reaccionado sin amor y has buscado culpabilidad. Si esta culpabilidad bombardea tu mente consciente e inconsciente, puede mostrarse a tu conciencia como un dolor físico o enfermedad.*

Tu papel consiste, simplemente, en hacer que tu pensamiento retorne al punto en que se cometió el error y entregárselo allí a la expiación en paz.

La actriz mexicana, Evangelina Elizondo, que en paz descanse, me regaló una copia de una conferencia que impartió en Nayarit, en mayo de 2014, sobre el Espíritu santo. Cito su texto porque me parece bellísimo para entender su función:

Jesucristo no dejó el Espíritu santo ni a los pájaros ni a las frutas ni a los animales... lo dejó sólo al hombre. Cuando Dios nos dice que somos a imagen y semejanza de Él, no quiere decir que nos parezcamos físicamente a Él. Él es invisible, intocable e inalcanzable físicamente. La imagen y semejanza a la que se refiere es ese don en Pentecostés que nos dejó Jesús como una parte pequeñísima de la divinidad, es la que nos hace a semejanza de Dios. A eso se refiere la semejanza (...). Las cosas no piensan, no pueden crear cosas, es decir, una mesa no puede crear mesitas, un coche no puede hacer cochecitos... pero el hombre sí, porque nos dejó Jesús la imagen y semejanza con esencia de Dios en el Espíritu santo, Es decir, nos dejó Jesús la semejanza con Dios en el espíritu y podemos crear y cambiar cosas. Con Jesucristo, debes de agarrarte de su mano y tener una relación cercana, de intimidad, amistad y compañerismo. Puedes descansar en Él; Jesús nos dejó al Espíritu santo que también es guía, abogado, consejero, maestro, jefe, director, amigo, confidente... Siempre está dispuesto con su amor y sabiduría a sacarnos de cualquier problema (...). Jesús, hablando del Espíritu santo, dice a los Apóstoles: "Vosotros le conocéis porque mora en cada uno de vosotros y distribuye sus dones a cada uno en particular según su voluntad. El Espíritu santo se identifica muchas veces con la sabiduría, es decir, el Espíritu santo nos revela y nos transforma interiormente.

La oración y meditación nos reconectan con el Espíritu santo y nuestros ángeles; ambos trabajan a nuestro favor. Y es que estas prácticas y disciplinas espirituales son "ego reductoras" y nos permiten tener acceso directo y sin "ruido" hacia los milagros y al Espíritu santo. El ego nos enseña que nuestra fuerza reside sólo en nosotros, mientras que el Espíritu santo nos enseña que toda la fuerza reside en Dios y por ende, en nosotros. La voluntad de Dios no es algo que se nos pueda imponer porque Dios respeta nuestro libre albedrío y para experimentarla, tenemos que estar enteramente dispuestos a ello. El Espíritu santo sabe cómo enseñarnos esto. Únicamente sus enseñanzas pueden liberar nuestra voluntad para que se incorpore a la de Dios. Los milagros son el medio a través del cual las mentes que sirven al Espíritu santo se unen a Dios para la salvación o liberación de todas las creaciones de Dios. *Los milagros se dan en la mente que está lista para ellos.* El milagro sitúa a la mente en un estado de gracia. *Una vez conectados con el Espíritu Santo a través de la mente recta, podemos preguntarle a Dios qué milagros debemos llevar a cabo.* Hay que escuchar su voz.

Y la voz que debemos seguir para tener paz, es la del corazón, no la de la mente. Cuando escuchamos varias voces, debemos optar por aquella que nos brinde paz. El lenguaje del corazón es la clave para la paz. De ahí que sea tan importante practicar la meditación, para aquietar la mente. A través del Espíritu santo nos liberamos del miedo y la culpa, y así podemos sanar nuestra mente. Cuando la mente sana, el cuerpo le sigue.

"Tus pensamientos reflejan tus palabras y tu actitud. El pensamiento va y el hombre le sigue." El mandato que se repite con más frecuencia en La Biblia, es: "¡No temas! ¡No tengas miedo!" Se repite trescientas sesenta y cinco veces, una para cada día. Son trescientos versículos en los que el Señor nos lo dice. No puedes obrar milagros si tu mente no lo cree posible. Así de fácil. La mente es el terreno. ¿Qué vas a sembrar, miedo o amor?

Mientras que UCDM habla de tener "mente recta" para pensar positivamente y salirnos del miedo y la culpa, Mahatma Gandhi dijo: "El problema del mundo es que la humanidad no está en su mente correcta." Esta es la verdadera causa de todos los males de la humanidad. Es la mente la que nos gobierna y define nuestras acciones. Nos crea o nos destruye. *Si vivimos separados del amor, vivimos separados de Dios.* Separados de nosotros. Escindidos de nuestra propia esencia. La sensación de estar desquiciados o de locura, proviene de tener una mente dividida, estar separados de nuestra esencia divina: "Tocamos las puertas de la locura y de la muerte", afirma el *Libro grande de Alcohólicos Anónimos.* Y no necesitamos ser alcohólicos o con problemas de drogas para tener una mente propensa a los tres tipos de adicciones que existen: a personas, a sustancias y a comportamientos.

La experta en el tema de milagros, Marianne Williamson, en uno de mis libros favoritos: *Luz en la sombra,*[5] dice lo siguiente sobre nuestros pensamientos:

> Cuando estamos separados del amor, tenemos la tendencia a sentir que nuestra rabia está justificada, que culpar a otro es normal, que atacar a alguien es legítima defensa, aunque no sea así (...). Donde no hay amor, hay miedo. Cuando el miedo se ha apoderado de nuestra mente es como un vicio que amenaza con aplastar a nuestra alma (...). Si queremos erradicar la sombra, nuestra tarea es aprender a tener pensamientos inmortales, aunque vivamos en un plano mortal. Nuestras formas superiores de pensamiento elevarán la frecuencia del planeta y el mundo se transformará.

Cuando pensamos con amor, estamos en sincronía con la Mente crística, la mente de Dios. Cuando nuestros pensamientos provienen del amor, estamos creando con Dios y generando más amor, pero cuando nuestros pensamientos carecen de amor, estamos fabricando miedo. Tenemos la mente dividida. Por eso es necesario retomar y asumir nuestro poder para recurrir al Espíritu santo y transformar nuestros pensamientos. Separar la verdad de la ilusión. Es necesario hacer dos cosas: ejercer la voluntad y practicar la oración. Es en ese momento cuando ocurre el milagro de ver las cosas diferentes. Sustituir el miedo por amor. Al orar estamos invocando la Luz. Vivir en la Luz es emanar el amor que recibimos de Dios al crearnos. ¡Somos hijos de Dios creados para crear! Dios no contempla a las personas que han cometido un error (no existe el pecado) como lo hacemos nosotros. Dios no busca castigarnos cuando nos equivocamos, sino corregirnos.

Williamson, considerada una de las mujeres y maestras espirituales más influyentes de nuestro tiempo según la revista *Time*, dice que lo que más miedo nos da, no es ser incapaces, sino ser poderosos más allá de toda medida. Y afirma: cuando no hay amor, hay miedo:

> Todo pensamiento que no incluya amor es una invitación para que entre la sombra (...), los pensamientos o curan o hieren. Aquello que elijamos pensar, tendrá un efecto. *Si no elijo amar, en ese momento se crea un vacío psíquico y el miedo se apresurará a llenar ese espacio (...). Cuando observo los aspectos de la sombra de otra persona, no puedo hacer más que entrar en los míos. Cuando entro en la oscuridad de culpabilizar y criticar, me ciego a mi propia luz y no puedo encontrar mi mejor yo (...), si olvido la verdad esencial respecto*

a mi propio ser, caigo fácilmente en la trampa de una conducta autodestructiva. Me engancho a cualquier forma de autosabotaje (...). Tanto si atacamos a los demás como a nosotros mismos, la sombra nos tienta a tener pensamientos destructivos e insensatos.

Si no meditamos u oramos, no habrá una experiencia de amor compartido entre el Creador y el creado, y será muy fácil caer en la tentación de ver las cosas desde el desamor y entremos en nuestra sombra.

Antes de escribir este libro, lo sometí a oración y meditación para invocar al Espíritu santo y así estar receptiva y creativa, también programé con Theta Healing mi escritura, para transformar corazones y despertar conciencias en mis lectores. La meditación puede ser tan corta como cinco minutos por la mañana. Orar es hablar con Dios, meditar es escucharlo. Meditar es estar con uno mismo pero de manera consciente. Trato de meditar al despertar y antes de dormir para reducir mi nivel de neurosis, mi sombra. Desde nuestro despertar estamos siendo bombardeados con mensajes de miedo: la adicción a la computadora o al celular, las prisas, el tráfico, los noticieros en televisión, los chats o comentarios sobre la inseguridad que se vive, el pesimismo en los periódicos, etcétera. Lo negativo vende y llama más la atención. Por eso es necesario hacer un equilibrio y neutralizar esos pensamientos negativos. Recomiendo la App que utilizo para meditar, *Insight Timer*; para hacerlo en tiempo real con una comunidad mundial con la que podemos comunicarnos. ¡Es como un Tinder, pero espiritual!

En resumen, sobre el tema de la felicidad podemos decir:

- Los enemigos de la felicidad son: el miedo, la culpa y la vergüenza.
- No existe el pecado, sólo el error, y puede ser corregido.
- El miedo es un imán. El ego quiere que tengamos miedo y culpa para controlarnos.
- Lo que resisto, persiste.
- Para tener mente inocente, evitemos juzgar.
- El Espíritu santo nos ayuda a vivir en paz, si le entregamos nuestras preocupaciones, miedos y culpas.
- Para que un milagro suceda, es necesaria la presencia del Espíritu santo.
- Los milagros se dan en la mente que está lista para ellos. Si quieres ver milagros, pon tu mente al servicio de Dios, reconéctala a la Mente crística.
- Para ser felices y tener mente sana hay que vivir desde el amor, el perdón y la gratitud.
- El perdón sirve para liberarnos, es un acto de amor hacia nosotros. No implica volver a aceptar al ofensor.
- Si no hay caos o crisis, no hay transformación.
- Cuando terminamos una relación, lo que más duele son nuestras expectativas no alcanzadas. Decir adiós y desapegarse, es un acto de amor.
- Lección no aprendida, lección repetida.
- Estamos divorciados de nosotros, por eso acabamos en soledad y amargura.

- Para tener una pareja de excelencia es necesario: amor, nobleza, humildad, incluir a Dios, tener capacidad autocrítica.
- Donde no hay amor, hay miedo.
- Cuando juzgo, critico y culpabilizo, me ciego a mi propia luz.

[3] Dispenza, Joe, *El Placebo eres Tú: descubre el poder de tu mente*, Urano.

[4] Corbera, Enric, *Curación a través de Un Curso de Milagros*, El Grano de Mostaza, 2013.

[5] Chopra, Deepak, Debbie Ford, Marianne Williamson, *Luz en la Sombra*, Urano.

6

LA ENFERMEDAD ES UNA ILUSIÓN

Los pensamientos curan más que los medicamentos.

Dr. Bruce Lipton

Ya que nos ha quedado claro el poder de la mente y cómo permitimos que nos gobierne, podemos entender, también, cómo nos puede enfermar y sacar de nuestro equilibrio. La mente que está libre de culpa no puede sufrir. Al sanar la mente, el cuerpo sana también. Las enfermedades son inconcebibles para la mente sana. No somos nuestra enfermedad.

El 27 de mayo de 2017, cumplí tres días en cama por una fuerte infección estomacal que me provocó diarrea, dolor de cabeza y debilidad por la deshidratación. Esto me pasó, no por lo que comí, que fue una simple ensalada y una limonada en un restaurante, fue otra cosa: una cuestión emocional, una serie de sentimientos y emociones negativas que se apoderaron de mí, desembocados por lo siguiente:

Una semana antes, se publicó en varios medios que un juez había revocado el amparo que le habían otorgado a mi hermana,

Kate del Castillo. Una vez más, me enteré por la prensa y no por mi familia. Yo hubiera querido que ellos me lo comunicaran, pero ella le pidió a mis papás que no me lo dijeran, porque tuvo miedo de mi reacción. No quería preocuparme. Esto hizo que me sintiera traicionada nuevamente, ya que hace más de un año también me enteré por los medios y no por mi hermana, sobre "la bomba que se venía por su encuentro con el Chapo Guzmán".

Así que durante dos días tuve náuseas, me sentía fatal del estómago, y se lo comenté a varios amigos. Y eso se traduce en el verdadero asco emocional que sentía por la corrupción e impunidad que impera en México. Se me juntaron tres eventos que me lo provocaron: lo del periodista asesinado Javier Valdez, el asesinato del sacerdote Miguel Ángel Machorro, mientras oficiaba misa en la Catedral metropolitana por un enfermo mental y lo del juez que revocó el amparo de mi hermana, no podía creer que pudieran justificar la violación de sus derechos humanos por ser actriz.

Sentí mucho asco e impotencia y lo repetí varias veces en voz alta. Tirada en cama leyendo *Un Curso de milagros*, entendí que no es el cuerpo el que se enferma, sino la mente la que hace que el cuerpo enferme. El no tener "pensamiento recto", nos enferma. Fueron mis miedos los que una vez más me hicieron caer en cama con antibióticos. Entendí que juzgar a mi familia es juzgarme a mí. UCDM nos enseña la poderosa arma de la expiación, que no es otra cosa que el perdón generalizado, el aprendizaje sin dolor. Si juzgo, me juzgo, si crucifico al otro, me crucifico, si amo aceptando al otro sin corregir o controlar, me amo y me acepto sin reservas e incondicionalmente. Para *Un Curso de milagros* no existe el pecado. Sólo el error.

No digerí la situación de Kate literalmente, me dio asco, no digerí las emociones, las reprimí. Me las tragué creyendo que lo podía manejar. Y el cuerpo lo expresó con vómito, diarrea y una infección estomacal que yo misma provoqué inconscientemente.

Un par de meses más adelante, mientras escribía este capítulo, me enfermé de nuevo de tres cosas al mismo tiempo: infección en garganta con tos y flemas, infección de ojos, amanecí dos días con los ojos cerrados con lagañas y, por si fuera poco, tuve diarrea un día y estuve con fuertes cólicos menstruales. Todo al mismo tiempo. Fue una especie de catarsis (liberación de estrés y emociones negativas, o crisis curativa). Pero después de abandonar la escritura esos tres días donde me sentía desconectada y separada de Dios, descubrí hablando con Amalia, mi sabia y querida maestra de UCDM, que además de la mencionada catarsis, estaba limpiando mi cuerpo físico y emocional por obra del Espíritu santo. Me dijo que eso les sucede a quienes trabajan ardua y constantemente con el curso. Pero antes de escuchar eso comencé a victimizarme, enojarme y estuve a punto de tirar mi libro del curso y abandonar la idea de seguir escribiendo éste. Reviví miedos y culpas del pasado. Fue hasta que hablé con ella desesperada y llorando sin entender por qué sentía tanta soledad, frustración, enojo e ira..., ella amorosamente me mostró que debía perdonarme y sanar. Primero tuve que sanar mi mente para que después se diera la sanación física; es decir, se reflejara la sanación en mi cuerpo, reconocer que soy una con Dios, renunciar a la idea de separación. Amalia me dijo: "Verónica, lee la lección 91, porque ahí está la clave de lo que estás pasando." Y esto dice: "La Luz ha llegado. He perdonado al mundo." Finalmente, me dijo: "¿Qué elijes, miedo o amor?" Ahí "me cayó el veinte de todo" y me hizo sentido. Abandoné la falta de fe y regresé alineada a seguir escribiendo este capítulo. Después de mi lección y mi elección, todo fluyó y me sentí aliviada física y emocionalmente. Así funciona nuestro poder de elegir el amor. *No somos víctimas, somos voluntarios.* Voluntarios de querer sufrir por no ponerle un alto a nuestra mente errada.

Y es que el ego cree que castigándose y atacando al cuerpo, pagará las culpas. Es el ego y la ignorancia los que creen usurpar el lugar de Dios. Es cuando nuestra mente errada dice: "Dios ya no me castigará si ya estoy enfermo y por eso me castigo yo." El ego trata de usurpar todas las funciones de Dios. La finalidad del ego es dividir y destruir. La del espíritu es unir y crear.

El doctor Hansrat Ali dice que la enfermedad viene de nosotros, pero no nos damos cuenta:

> Somos las únicas criaturas en la superficie de la Tierra capaces de transformar nuestra biología mediante lo que pensamos y sentimos. Nuestras células están constantemente observando nuestros pensamientos y siendo modificadas por ellos. Un ataque de depresión puede arrasar nuestro sistema inmunológico, pero serenarse, por el contrario, ¡puede fortificarlo tremendamente!

La alegría y la actividad armoniosa nos mantienen saludables y prolongan nuestra vida. El recuerdo de una situación negativa o triste, libera hormonas y sustancias biológicas destructivas, al igual que el estrés. Las células están constantemente procesando todas nuestras experiencias y metabolizándolas de acuerdo con nuestros puntos de vista personales. Quien está deprimido, proyecta tristeza por todas partes del cuerpo. La producción de neurotransmisores a partir del cerebro se altera, el nivel de hormonas varía, el ciclo del sueño es interrumpido, los receptores neuropeptídicos en la superficie externa de las células de la piel se modifican, las plaquetas sanguíneas se tornan más viscosas y más propensas a formar grumos y ¡hasta las lágrimas contienen trazos químicos diferentes de las lágrimas por alegría! Todo este perfil bioquímico es drásticamente modificado cuando la persona se siente tranquila. Estos hechos confirman la gran necesidad de usar nuestra consciencia para crear los cuerpos que realmente necesitamos. ¡El proceso de envejecimiento puede ser neutralizado cada día! Así que Shakespeare no estaba siendo metafórico cuando, a través de su personaje Próspero, dijo: "Nosotros somos hechos de la misma materia que los sueños."

¿Quieres saber cómo está tu cuerpo hoy? Entonces recuerda lo que pensaste y sentiste ayer. ¿Quieres saber cómo estará tu cuerpo mañana? ¡Observa tus pensamientos y emociones de hoy!

Al abrir tu corazón y tu mente evitarás que algún cirujano lo haga por ti. ¡La medicina está en ti, y no la usas! La enfermedad viene de ti y no te das cuenta.

Para el doctor Ali, en *La Era de acu*ario, la medicina será preventiva y echaremos mano de la medicina cuerpo-mente; tendremos cuidado con las emociones y pensamientos que tenemos habitualmente, porque sabremos que son los que originan las enfermedades físicas cuando son disfuncionales y caóticos.

Vamos mutando nuestro cuerpo, para bien o para mal, según sean nuestras emociones y nuestros pensamientos. La medicina va a cambiar en un futuro próximo. Nosotros vamos a ser nuestros propios medicamentos a través de los pensamientos y emociones positivas y edificantes que sostengamos diariamente. Me parece maravilloso. Tendremos que hacernos responsables de nuestra salud y no acudir a un médico para que nos "arregle" lo que no queremos trabajar interiormente. La misma Louise L. Hay, que en paz descanse, habló de ese poder de autocuración que tenemos, en su libro *Usted puede sanar su vida*.[6] Lamentablemente, esta mujer asombrosa falleció sin terminar el último capítulo. Lo lamenté profundamente, pues era una mujer hermosa por dentro y fuera, una mujer sabia y valiente, que sobrevivió al cáncer terminal y a un abuso sexual durante su infancia. Uso sus libros para las sanaciones que practico.

Acostumbro darle a leer a mis pacientes la causa emocional de su enfermedad, para que tomen conciencia de su causa psicosomática. Uno de los episodios más fuertes de mi vida fue cuando el citopatólogo Odón Prado Loredo, me dijo que necesitaba tomarme un año sabático porque el estrés excesivo, producto de mi trabajo, me había generado células precancerígenas en la nariz. Lo primero que pensé fue: "Voy a morir." Lo segundo fue: "¿Cómo es posible que esto me pase a mí que soy tan sana, en vez de que le suceda a un adicto a la cocaína?" Me explicó que el cortisol, (la hormona generada por las glándulas suprarrenales cuando estamos estresados), puede ser cancerígeno. ¡Es decir, el estrés puede provocar cáncer! Por lo tanto, hay que tener consciencia, cuidado y tratar de contrarrestarlo con meditación, yoga, reiki, acupuntura, oración o cualquier otra técnica o práctica de medicina alternativa o complementaria que nos ayude a relajarnos y sanar emociones. Por eso también es necesario dejar de juzgar (a nosotros y a los demás) y ver nuestros problemas o preocupaciones como en una película, tomando distancia y sin ser los protagonistas. Desapegarnos. Elevarnos mediante la meditación para ver el problema o situación desde afuera. La Biblia dice: "Amado, yo deseo que tú seas prosperado en todas las cosas, y que seas sano, así como tu alma está en prosperidad." (3 Juan 1:2)

La voluntad de Dios es que seamos sanos y que nuestra alma prospere, mejore y avance. Van de la mano. No se puede estar bien en salud si nuestra condición espiritual está fallando. Como dice la literatura de AA: "No buscamos perfección o santidad, sino progreso espiritual." Ser mejor cada día, mejor que ayer. Hacer un esfuerzo cotidiano por mejorar nuestros pensamientos y condición espiritual.

El cuerpo grita lo que la mente calla

Éste es el nombre de un taller maravilloso que tomé con las psicólogas Ángeles y Mercedes Bellota, mientras escribía este libro (Facebook: Psicología Bellota). Me interesó porque admito que era muy enfermiza, hasta que cambié mi manera de pensar, gracias a las enseñanzas de Theta Healing y UCDM. "No existen enfermedades, existen enfermos." Nuestro estilo de vida, estrés, percepciones y emociones influyen en nuestra salud. Los doctores alivian efectos, no causas. La responsabilidad es nuestra y la salud viene desde adentro.

En el taller nos hicieron la siguiente pregunta: "¿Qué papel juego en mi enfermedad?" Y la respuesta que nos dieron es: "No existen las enfermedades. Sólo los enfermos." Nosotros enfermamos porque no escuchamos el síntoma. El sistema inmunológico se deprime cuando escucha pensamientos negativos. Somos responsables de nuestras enfermedades de manera inconsciente. Podemos prevenirlas. El biólogo norteamericano Bruce Lipton, conocido por su teoría de que los genes y el ADN pueden ser manipulados por las creencias de cada persona, en su libro *La Biología de la creencia*[7], asegura que "los pensamientos curan más que los medicamentos". Este revolucionario científico es una autoridad de prestigio internacional en los vínculos entre mente y espíritu que establecen que nuestro cuerpo puede cambiar realmente si reeducamos nuestra forma de pensar; sentó las bases de la nueva epigenética, es decir, se puede alterar positivamente el ADN a través de los pensamientos y emociones positivas, cosa que estudiamos y experimentamos con la técnica Theta Healing.

Para sanar, necesitamos perdonar tanto a la otra persona, como a nosotros. Tener una elevada autoestima, que no es otra cosa más que nuestro autoconcepto, más la confianza que tenemos en nuestro poder personal. Puedes tener un gran concepto de ti, pero si no confías en ti, no tendrás alta autoestima. El doctor Joe Dispenza nos habla de que es posible alterar incluso nuestra genética a través de nuestras creencias y pensamientos. Si somos disciplinados en tener pensamientos positivos, meditación y visualizaciones, nuestros genes pueden cambiar y activarse o desactivarse. Enfermedades como el Parkinson y hasta el cáncer pueden curarse, sus estudios sobre el efecto placebo nos lo demuestran.

Louise Hay, y los doctores Joe Dispenza, y Bruce Lipton aseguran que podemos curarnos a través de nuestros pensamientos. Dispenza combina los últimos descubrimientos en neurociencia o plasticidad neuronal, epigenética y psicoinmunología con sus conocimientos de física cuántica (ciencia de las posibilidades), para enseñarnos verdaderos milagros. Dice que el cuerpo posee una inteligencia innata dotada de un poder curativo milagroso y que gozamos de la maquinaria biológica y neurológica para cambiar nuestra realidad y devolvernos la salud, que la anatomía de nuestro cuerpo no es estática, sino que cambia de un instante a otro, es decir, que podemos dejar "el papel pasivo de un pasajero" para ponernos en el papel activo del conductor para estar al volante de nuestra propia vida. Ésa es la buena noticia: estamos moldeando nuestro cuerpo y cerebro a través de los pensamientos que tenemos, las emociones que sentimos y las intenciones y creencias que mantenemos. Moldeamos nuestro cerebro a través de las señales que enviamos por las redes neuronales. Los pensamientos, las creencias y las emociones que cultivamos en nuestro cerebro pueden activar y desactivar 75 u 80% de nuestros genes, ya que muy pocos son estáticos. Y es que las emociones juegan un papel importante en nuestra transformación y salud: porque las emociones negativas pueden ser una adicción a altos niveles de hormonas del estrés como el cortisol y la adrenalina. O sea que, al cambiar tu estado interior, cambias tu exterior. "El placebo eres tú" significa que tus pensamientos, emociones y creencias son los que activan una cadena de reacciones fisiológicas en tu cuerpo. La epigenética es la ciencia que nos dice que podemos ordenar comportamientos nuevos en nuestros genes a través de nuestros pensamientos. Podemos activar y desactivar genes para que la herencia no determine nuestro destino. Mientras que la neuroplasticidad nos dice que podemos moldear y cambiar el cerebro creando diferentes rutas y conexiones neurales, y podemos brindarnos felicidad a través de los beneficios de la meditación.

Como ya hemos dicho, las enfermedades no provienen del cuerpo sino de nuestra mente. Cuando no digerimos o asimilamos propiamente la emoción negativa, dándole un sentido adecuado en nuestra vida, un para qué positivo, se va a nuestro cuerpo y a nuestra biología. Todo lo que nos sucede es para una bendición, pero a veces tenemos una percepción errada. No debemos victimizarnos. No debemos guardarnos o quedarnos con nuestras emociones negativas, porque entonces no serán nuestros ojos los que llorarán, serán nuestros órganos. Enfermedad es igual a emoción bloqueada en el cuerpo.

Las emociones se vuelven negativas cuando empezamos a juzgarlas y las emociones negativas son las causantes de las enfermedades. La no aceptación de la realidad también nos enferma. La realidad es Dios, debemos tener fe y aceptarla tal cual es; si dejamos de resistirnos, controlar, juzgar y aceptamos todo tal como la vida nos lo presenta, no enfermaremos. El síntoma podemos hacerlo nuestro mejor amigo para crecer, porque es un maestro, una enseñanza. Recuerdo hace varios años cuando leí *La enfermedad como camino*,[8] que me sorprendí mucho cuando los autores dijeron que debemos hacernos "amigos" de nuestra enfermedad porque algo importante quiere decirnos, pero lo que casi siempre hacemos es odiar, censurar, alejar y rechazar nuestras enfermedades y malestares. Les damos la espalda y tratamos de negarlas, olvidarlas y taparlas. Cuando en realidad hay que agradecerles su aparición, porque nos están alertando de alguna conducta o pensamiento errado.

Carl Jung afirmó: "La enfermedad es el esfuerzo de la naturaleza para cuidar del hombre." Así funciona la psique humana: 20% es consciente, 80% es inconsciente... ¡Sin duda, el inconsciente tiene el control y es la punta del iceberg! El reto es hacer consciente lo inconsciente.

Leyes del inconsciente:

1. Para el inconsciente no existe la palabra No.
2. Sólo existe el presente.
3. Lo real, lo imaginario, lo simbólico y lo virtual son lo mismo.

Por lo tanto, para el inconsciente es lo mismo vivir algo, que recordarlo. Para el inconsciente no existe el tiempo. En el subconsciente encontramos: prejuicios, falsas creencias, etcétera. El cerebro límbico (o mamífero) regula las emociones mientras el cerebro reptileano o primitivo (instinto) regula las reacciones, y es el encargado de la supervivencia. Es necesario darnos cuenta de que lo que nos daña es nuestra percepción, no la realidad. Esta es la base de UCDM. El cerebro arcaico o reptileano compromete órganos para resolver conflictos que psíquicamente no hemos resuelto. Es importante hablar de lo que sentimos, expresarlo de forma adecuada, con calma y en un espacio propicio, o sea, sin estallar ni dañar a nadie, porque tarde o temprano nos afectará. Decía el psicólogo suizo Carl Jung: "Si no se expresa, se reprime." Y entonces: "Todo lo que no aflora a la conciencia, regresa como destino."

Quizá estés preguntándote qué ocurre en el caso de los accidentes. Bueno, de alguna forma los accidentes responden a algo que tenemos en el inconsciente.

Bio shock es el nombre dado a una experiencia con estas características: es dramático, inesperado, vivido en soledad y considerado sin solución. Es un evento que impacta nuestra biología. El cerebro reptileano se encarga de resolverlo. Hay que poner atención al síntoma y hablar de qué lo genera.

Para el inconsciente, el pasado y el futuro no existen, es decir, si recuerdo malos momentos es como volver a vivir (resentimiento). Biológicamente no hemos dejado de ser animales ya que las respuestas ante el peligro son huir, atacar o paralizarse. Éstas son reacciones del cerebro reptileano. Somos 90% reactivos. Por ejemplo: la mayoría de las personas durante el terremoto del 19 de septiembre de 2017, en CDMX, salieron huyendo o se paralizaron debido a que entró en acción su cerebro reptileano o de supervivencia.

Existe una triada íntimamente relacionada: materia, energía y vibración. Un ejemplo es que cuando ocurrió el primer terremoto del 7 de septiembre 2017, yo venía saliendo de guiar una meditación Theta Healing en la Iglesia La esperanza de María, precisamente para sanar a la madre Tierra y tratar de desviar o sanar el planeta ante el huracán Irma, que pegó fuerte en la Florida. A los quince minutos de llegar a mi casa, escuché la alarma sísmica pero estaba tan serena, que pensé que era la alarma de un auto. A los cuarenta segundos aproximadamente, comenzó el terremoto de 8.2 grados Richter, y no sentí miedo en absoluto, a pesar de su intensidad y larga duración. Definitivamente mi reacción no hubiera sido la misma si no hubiera meditado minutos antes. La razón es porque al meditar, elevé mi frecuencia vibratoria por lo que mi reacción fue tranquila al igual que las reacciones de quienes meditaron conmigo. La vibración y energía que moví, determinaron el estado de mi materia y no permití que el cerebro reptileano me gobernara. Por eso es importante que una comunidad mundial medite en tiempo real simultáneamente, para ir transformando y sanando la materia de nuestra casa, que es el planeta Tierra. (Insisto en recomendarles la App *Insight Timer*.)

La "loca de la casa" (nuestra mente) proviene del cerebro cortical. El estrés es un mecanismo biológico que nos alerta ante un peligro. El órgano afectado en una enfermedad o síntoma, nos indica el tipo de conflicto que traemos y puede ser de tres tipos: conflicto de protección, conflicto de rendimiento o conflicto de territorio. Por ejemplo, una persona que ve amenazado su territorio, si no se hace responsable y lo trabaja, puede presentar problemas en la vejiga (los perros marcan territorio a través de la orina).

Las semanas posteriores al terremoto del 19 de septiembre que dejó más de 370 víctimas mortales, estuve dando terapias Theta Healing y Reiki como parte de un proyecto llamado Holismo por México, con un equipo de terapeutas alternativos y psicólogos para atender gratuitamente a afectados por el sismo con estrés postraumático. Estos son los síntomas: ataques de pánico, insomnio, falta de apetito o exceso de apetito, depresión, tristeza prolongada, culpa irracional, miedo, vértigo o mareo, contracturas y dolores de espalda o cabeza. Estos pueden durar hasta 6 semanas posteriores al evento o trauma y en ocasiones presentar secuelas que se quedan en el inconsciente a largo plazo, ya que para éste, no existe el tiempo. Los síntomas del estrés cotidiano pueden ser muy similares, pero a menor escala. Si de algo sirve la enfermedad es para tomar conciencia del conflicto, dolor emocional o de la enfermedad misma para hacernos cargo y sanarlo con terapias, dándonos cuenta de lo que nos ocurre: si estamos enojados con la vida o con alguna situación en particular, si no hemos perdonado a alguien o si nuestras creencias nos están destruyendo.

El libro de Anita Moorjani *Muero por ser yo,*[9] es ejemplo documentado científicamente, de que cuando tomamos conciencia y nos hacemos cargo de lo que hay detrás de nuestras enfermedades, éstas pueden desaparecer. Anita, ya desahuciada y en crisis, sana sorpresivamente y su enfermedad empieza a revertirse en el último momento casi antes de morir, hasta sanar completamente. La ciencia documentó la remisión de éste rarísimo caso de cáncer.

- Milagro significa "mi logro".
- La vida me presenta situaciones para dos cosas: bendición o lección.
- La epigenética nos enseña que podemos ir más allá de la genética y alterarla, cambiando pensamientos, alimentos, hábitos etcétera. Tenemos la sabiduría para sanarnos, pero no lo creemos. La sabiduría de nuestro cuerpo es más profunda que cualquier tipo de sabiduría como la de los pensamientos, porque estamos creados a imagen y semejanza del Creador.
- En la biodescodificación, el corazón representa el hogar, y todo aquello relacionado con problemas de la sangre, representa al clan o familia.

- El dolor de la ciática, por ejemplo, significa indecisión. El inconsciente es quien toma las decisiones, pero si nos resistimos, se puede inflamar el nervio ciático.
- Somos más grandes que nuestros miedos. Si los creo también los puedo desaparecer, descrear. Tus células escuchan lo que piensas.
- Las emociones se pudren cuando no les damos salida. Cuando no las expresamos adecuadamente. Se estancan, así como un charco de agua.
- Cambiando emociones negativas por positivas, podremos mejorar nuestra salud. Busca la causa de la enfermedad.
- Hay que aprender a soltar lo que nos hace daño (personas y situaciones) para sanar.

La enseñanza es que si nos hacemos responsables de nuestros pensamientos, palabras, acciones y emociones, podemos revertir una enfermedad y sanar como Anita. Sin embargo, hay que decirlo también, existen excepciones ya que hay enfermedades kármicas que, aunque se tome conciencia y se trabajen, no serán sanadas. Pero esto es más complejo y no lo abordaremos en este libro.

Según Corbera, "la enfermedad es la expresión física entre lo que pienso, lo que siento y lo que hago. Es la expresión y vivencia de la incoherencia emocional. La enfermedad es creer que mi percepción es verdad, que las cosas son como las veo, no como las interpreto. La enfermedad es la creencia en el sufrimiento y en el sacrificio, valores que resaltan mi desconexión con la divinidad y son el resultado de la creencia en el pecado y la culpa. *Detrás de toda enfermedad hay una gran culpabilidad*, y la mayoría de las veces es totalmente inconsciente. Sentirse enfermo es sentirse solo, es sentirse abandonado, es un miedo a la carencia; un miedo basado en el fuerte sentimiento de separación respecto a Él.

Si realmente queremos curarnos de nuestros males, ya sean físicos o mentales, debemos recurrir al perdón. Pero antes debemos diferenciar entre el perdón dual y el no dual. El perdón dual es aquel que atribuye valor y realidad a la ofensa, por lo tanto, el ego considera que se le pide un sacrificio. Llegamos a pensar que perdonamos porque somos buenos. Luego también está el famoso trabajo sobre el perdón, que puede llevar años, porque seguimos proyectando la culpa al exterior y el perdón parece un sacrificio.

Recuerdo que visité a una paciente enferma de cáncer y le hablé del perdón a sus padres. Ella me contestó que llevaba 25 años de trabajo en el perdón. Pero, según mis aprendizajes del *Curso de milagros*, le dije: "Para perdonar solamente necesitas un instante. El perdón que tú practicas está basado en que la culpabilidad es real y alguien tiene que pagar por ello. El perdón del cual te hablo es el perdón hacia ti por haberte hecho este daño a través del otro. Éste es el perdón no dual. La auténtica curación se debe hacer en la mente, en la cual reside la culpa, que solo puede deshacerse mediante el perdón no dual."[10]

La expiación deshace los errores y remueve las raíces del miedo. El estado natural del espíritu es el estado de gracia. El estrés y los pensamientos negativos nos sacan de ese estado de gracia. Dios no les niega nada a sus hijos, pero cuando nosotros lo negamos a ÉL, nos negamos todos sus regalos.

El *Curso de milagros* me ayudó a dejar de consumir antibióticos tan seguido y elevó mi sistema inmunológico. Comencé a enfermarme menos seguido y menos grave. Después de tomar la tercera clase del curso, desapareció un quiste de ocho centímetros que tenía en el ovario y requería de cirugía en los próximos meses. Mis miedos disminuyeron drásticamente aun durante una biopsia en el seno izquierdo (que por la gracia de Dios salió negativa y temía hacérmela ya que mi abuela materna, Grace, murió de cáncer de mama). Tuve más fe y menos miedos. Elegí más amor y menos juicio. Entendí que las enfermedades vienen de las falsas creencias de culpa y castigo pero, sobre todo, de la falsa idea de que vivimos o estamos separados de Dios. Empecé a tener una mirada no dualista: aquella dónde sólo existe Dios y Dios es amor y salud. Y me topé con este hermoso y confrontante mensaje:

Cuando enfermas, no hay un cuerpo por curar.

Hay una culpa por sanar,

Hay un recuerdo que perdonar,

Hay una mente por limpiar,

Hay una historia que agradecer.

Cuando sanamos, limpiamos el pasado. Elegimos el amor, en vez del miedo.

Turismo espiritual

Mi turismo espiritual comenzó cuando sentí la inquietud de arreglar mi matrimonio que terminó en 2004. Duré ocho años casada con el padre de mi hijo y atravesando malestares emocionales y crisis de identidad, busqué ayuda de todo tipo, recorrí varias terapias, filosofías y libros de autoayuda. Intenté desde consejeros matrimoniales, sacerdotes, chamanes, terapias psicológicas de Jung y Gestalt, tomé cursos de PNL (Programación Neuro Lingüística), Rebirthing, Reiki, milité en grupos de Doce Pasos de Neuróticos y Codependientes Anónimos, acupuntura, terapias con magnetos, constelaciones familiares, terapia del abrazo, Holographic Repatterning, regresiones a otras vidas, brujos, angelólogas y lecturas de tarot. En fin... ¡hice de todo!

Durante mi depresión postparto (DPP) me recetaron Prozac, después de probar uno, ¡tiré la caja al bote de la basura! porque me sentí peor: como un zombi. Así que decidí salir adelante con métodos antidepresivos alternativos y naturistas. A continuación comparto lo que a mí me funcionó.

Combatir la depresión con remedios naturales

Además de cambiar mis emociones y pensamientos negativos por positivos y de acercarme a Dios y al Espíritu Santo y recurrir a ellos, utilicé algunos de los siguientes productos y técnicas coadyuvantes para mi tratamiento:

- *Remotiv 500 mg*: se compra en farmacias sin prescripción médica y a un precio razonable, una pastilla por la noche. Es un antidepresivo natural.

- *Cloruro de magnesio*: tomar una cucharada en polvo diario, en las noches, disuelta en agua o jugo. Es una presentación que encontré con saborizante artificial. También se puede conseguir puro, una bolsita se diluye en un litro de agua y cada mañana en ayunas se debe tomar un caballito con un popote, ¡porque sabe horrible! Se revuelve con cuchara de plástico o madera, no se debe combinar con metales.

- *Flores de Bach*: tomé "Rescue remedy" (o remedio de rescate) en caso de crisis, y la combinación de varias flores para sanar aspectos específicos, como "traje a la medida". Hay que ir con un terapeuta especialista en ellas. La vibración de los extractos florales curan todo tipo de cosas.

- *Gotu kola*: así se llama en Estados Unidos. En México es conocida como centella asiática. Me dio claridad mental y me ayudo a que los episodios negativos a los que les estaba poniendo mucha importancia, se me "resbalaran" y dejaran de ser tan importantes. Por ejemplo, los sucesos que se dieron en torno a la "Chaponovela".

- *Camu camu y maca*: son antioxidantes que nos ayudan a mantener nuestro sistema inmunológico elevado. La maca me dio energía y me ayudó a regular mis hormonas.

- *Terapia cráneo sacral*: ¡Es mágica! Me ayudó a liberar emociones y hace trabajar a mi cuerpo en las funciones que dejó de hacer. Me ayudó a prevenir la depresión y estabilizarme. Las depresiones se liberan a nivel del hueso sacro. Esta terapia totalmente científica (y espiritual para mí), nivela el líquido céfalo raquídeo que, por ciertas situaciones o golpes, deja de fluir; generando enfermedades físicas y emocionales afectando el sistema nervioso central y hormonal. En Facebook puedes encontrar información en: "Instituto Cráneo Sacral Upledger".

- *Oración, meditación y ejercicio*: los últimos dos producen endorfinas. El spinning como ejercicio me ayudó a salir de la depresión post parto. La meditación debe hacerse en una posición cómoda con la espalda recta, sin cruzar brazos o piernas, concentrándote en tu respiración y corazón. Es vital ver hacia adentro, ahí están todas nuestras respuestas ya que ahí mora Dios, y ¡tú eres hijo de Dios! Ya no busques afuera. Orar es platicar con Dios, meditar es escucharlo. Desde mi experiencia, no necesitas una técnica para meditar puesto que la meditación no es una técnica, sino un estado del ser.

- *Reiki*: tomar una o dos sesiones semanales en caso de crisis. Técnica oriental de sanación con imposición de manos transmitida de generación en generación. La técnica que yo aprendí es la de Usui Sensei. El Reiki alinea los chakras (centros energéticos en nuestro cuerpo, los principales se encuentran a lo largo de nuestra columna vertebral, tanto de frente como de espaldas; van desde el coxis hasta la cabeza), da sanación física y emocional, paz y claridad mental.

- *Acupuntura*: se usan pequeñas agujas en puntos clave de nuestro cuerpo. También reflexología de manos y pies. Con esto equilibré mis emociones, antes de que se somatizaran en enfermedades. Limpié riñones, hígado y sistema digestivo. Alineé y desbloqueé meridianos, restablecí mi energía interna para que mi cuerpo se auto reparara. Tuve unas sesiones maravillosas con la terapeuta Osiris Chávez en TV Azteca, que me ayudaron a evitar antibióticos y medicamentos.

- *Theta Healing*: es una poderosa técnica de sanación que va a nivel físico y emocional. Es la técnica más profunda e inmediata que conozco, y por lo mismo decidí tomar dos cursos: ADN Básico y ADN Avanzado en THINK México (Theta Healing Institute of Knowledge). Hoy atiendo pacientes en mi casa y en un consultorio en la Colonia Roma (THINK).

Para conciliar el sueño:

- Melatonina 10 mg.
- Somnapure PM, pastillas.
- *Rescue Sleep* (Liquid Melts) cápsulas.
- *Tylenol PM* (con moderación cuando hay contracturas o dolor) pastillas.

Estas técnicas y remedios me fueron de gran ayuda, pero cada persona debe tener su propio proceso y encontrar qué le funciona. Lo que es infalible es que, no importa quién seas o lo que hagas, todas las respuestas a tus enfermedades e inquietudes están dentro de ti, no afuera. Todos tenemos el don de sanarnos y ser sanadores. Podemos sanar a otros sólo cuando elevamos nuestro nivel de conciencia y primero nos sanamos.

Cuando practico sanaciones, lo importante es que tengo claro que quien las realiza es Dios, yo sólo soy un canal. Además, cabe destacar el paso 11 de AA: "Buscamos a través de la oración y la meditación, mejorar nuestro contacto consciente con Dios", al respecto, incluyo la siguiente información sobre investigaciones de los científicos rusos a propósito del poder de la oración:

"Una oración es un medicamento poderosísimo", afirma Valeri Slezin, jefe del laboratorio de neuropsicofisiología del Instituto de Investigación y Desarrollo Psiconeurológico Bekhterev, de San Petersburgo. "La oración no sólo regula todos los procesos del organismo humano, también repara la estructura de la conciencia más afectada". Asimismo, el profesor Slezin hizo algo que resulta difícil de creer: medir el poder de la oración. Registrando los electroencefalogramas de algunos monjes al momento de orar, logró captar un fenómeno extraordinario, la desconexión completa del córtex cerebral. Este estado puede observarse sólo en bebés de tres meses, cuando sienten la cercanía de su mamá, provocándoles una sensación de seguridad completa. A medida que la persona crece, tal sensación desaparece, la actividad cerebral crece y este ritmo de las biocorrientes cerebrales se muestra sólo en las horas de sueño profundo o al orar. Valeri Slezin ha llamado a tal estado: "leve vigía al orar" y ha demostrado que tiene una importancia vital para la persona. Es un hecho que las enfermedades son provocadas también por situaciones

graves y sucesos que nos quedan grabados en la mente. Al orar, sin embargo, las preocupaciones quedan en un plan secundario, incluso desaparecen totalmente. De esta manera se hace posible el restablecimiento psíquico, moral y físico.

Los oficios de la Iglesia también tienen un importante rol en la recuperación de la salud. La ingeniera y electrofísica Angelina Malakovskaia, del Laboratorio de Tecnología Médica y Biológica, ha dirigido numerosos estudios para medir las diferencias en la salud de las personas, antes y después de asistir a algún oficio religioso. Los resultados han demostrado que participar de los servicios litúrgicos hace que se normalice la presión sanguínea y determinados valores medibles también en la sangre. Al parecer, el acto de orar puede, incluso, neutralizar las radiaciones. Después de la explosión de Chernobyl, los instrumentos para medir la radiación demostraron valores que llegaban a sobrepasar el límite cuantificable. Sin embargo, en el área en donde se encuentra la Iglesia del Arcángel Miguel, a 4 km de los reactores, el valor de la radiación se mantenía normal.

Además, los científicos de San Petersburgo han confirmado, también, que el agua bendita (aghiasma), la Señal de la cruz, incluso el repique de las campanas, pueden tener propiedades sanadoras. Por eso, en Rusia, las campanas siempre se han hecho sonar en épocas de epidemia. La frecuencia emitida por las campanas podría eliminar los agentes que provocan enfermedades como la gripe, hepatitis o el tifus, ya que proteínas de los virus parecieran volverse incapaces de portar tales infecciones, de acuerdo con A. Malakovskaia. la Señal de la Cruz tiene un efecto aún más significativo: es capaz de eliminar microbios patógenos, no sólo en el agua corriente, sino también en ríos y lagos. Es más eficiente incluso que los más recientes aparatos de desinfección con radiación magnética. ¡Así que a orar más y mejor!

Por último, quiero compartir una serie de creencias, definiciones y sentimientos para vivir en bienestar. Es importante que un terapeuta Theta Healing certificado te los descargue:

Salud

- Comprendo la definición de salud de "El creador de todo lo que Es" desde el Séptimo plano.
- Sé lo que se siente al estar sano.
- Sé cuándo estoy sano.
- Sé cómo estar sano.
- Sé cómo vivir mi vida a diario de forma saludable.
- Conozco cuál es la perspectiva de la salud de "El creador de todo lo que Es".
- Sé que es posible estar sano.

Sanación instantánea

- Comprendo la definición de sanación instantánea de "El creador de todo lo que Es" desde el Séptimo plano.
- Sé lo que se siente al ser testigo de una sanación instantánea.
- Sé cómo ser testigo de una sanación instantánea.
- Sé cómo vivir mi vida a diario siendo testigo de sanaciones instantáneas.

- Conozco cuál es la perspectiva de sanación instantánea de "El creador de todo lo que Es".
- Sé que es posible ser testigo de una sanación instantánea.

Inmunidad

- Comprendo la definición de ser inmune a la enfermedad de "El creador de todo lo que Es".
- Sé lo que se siente al ser inmune a la enfermedad.
- Sé cómo ser inmune a la enfermedad.
- Sé cómo vivir mi vida a diario siendo inmune a la enfermedad.
- Sé que es posible ser inmune a la enfermedad.
- Comprendo la definición de ser inmune a la toxicidad de "El creador de todo lo que Es" desde el Séptimo plano.
- Sé lo que se siente ser inmune a la toxicidad.
- Sé cómo ser inmune a la toxicidad.
- Sé cómo vivir mi vida a diario siendo inmune a la toxicidad.
- Conozco cuál es la perspectiva de ser inmune a la toxicidad de "El creador de todo lo que Es".
- Sé que es posible ser inmune a la toxicidad.

Recuerda:

- No existen víctimas, existen voluntarios.
- Yo soy el reino de los cielos. Cuando no perdono, me anulo y me excluyo de ese reino. Me fragmento. Si quiero vivir en el Cielo, debo ser el Cielo.

- El perdón auténtico e individual que otorgamos, impacta y equivale al perdón universal. La expiación en su totalidad trasciende la suma de sus partes.

- Ego y espíritu no son cocreadores. Nuestra mente elige aislarse y separarse de Dios.

- La enfermedad y la carencia son la manifestación del ego en el cuerpo. Son ilusorios.

- Cuando juzgo y me juzgo, elijo enfermedad, miedo y culpa. Ambos son ilusorios.

- La enfermedad es incoherencia emocional. Es tener creencias en el sacrificio y el sufrimiento.

- El enfermo tiene miedo de la carencia, de estar solo y tiene un sentimiento de separación de Dios.

- Detrás de toda enfermedad hay una gran culpa. El perdón auténtico me sana y libera.

- La auténtica curación se debe hacer en la mente, en la cual reside la culpa, que sólo puede deshacerse mediante el perdón.

[6] Hay, Louise L., *Tu puedes sanar tu vida*, Ed. Diana, 2001, México.

[7] Lipton, Bruce, *La bilogía de la creencia*, Ed. Gaia, 2010.

[8] Dahlke, Rüdiger y Thorwald Dethlefsen, *La enfermedad como camino. Un método para el descubrimiento profundo de las enfermedades*, Ed. Debolsillo, 1989.

[9] Moorjani, Anita, *Muero por ser yo*, Gaia, 2012

[10] Corbera, Enric, *Curación a través de Un Curso de milagros*, El Grano de Mostaza, España, 2013

Manifiesta tu abundancia

La abundancia no es algo que adquirimos,
es algo con lo que nos conectamos.

Wayne Dyer

Otro de los milagros más importantes que existen es vivir en plenitud o bienestar económico, físico y espiritual. Esta frase del psicólogo y escritor estadounidense nos recuerda que la abundancia no es algo que tengamos que conseguir como un fin, sino que está en nuestro interior más profundo. Existen varios tipos de abundancia: material, espiritual, emocional, afectiva y mental. Alguien que depende de otra persona para superarse es una persona con escasez. Porque todos debemos salir adelante por nosotros mismos tanto económica como afectivamente. Nuestra felicidad no puede depender de otra persona, depende, únicamente, de nuestro trabajo interior, de nuestra percepción positiva, como ya hemos visto. La vida nos da constantemente oportunidades para cambiar nuestro punto de vista, para crecer y ser abundantes. Pero, a veces, no las aprovechamos porque nuestros pensamientos, creencias y emociones están instalados en la escasez. Es decir, por pensar continuamente en lo pobres que somos y que seguiremos siendo, en que no merecemos tener éxito y una vida sana y feliz. Según el biólogo Alfred Russel, detrás de cada célula existe una mente maestra. Una especie de Matrix Divina. Los pensamientos están conectados a esa Matrix Divina. El pensamiento es creación. Es decir, los pensamientos tanto positivos como negativos repercuten en el Todo, en la mente universal. Por eso cuando tengamos pensamientos negativos (que a veces es inevitable), deben ser cancelados. Hay que decir, literalmente: "Cancelo tal cosa, tal deseo, tal imagen." Somos responsables tanto de lo bueno como de lo malo que nos sucede por más extraño o difícil de creer que sea. Y eso es porque lo atrajimos a través del pensamiento o de las emociones. Recordemos que somos un imán al que se le pega lo bueno o lo malo, según lo invoquemos. Si nuestro imán interior está lleno de odio, ira, resentimiento, celos, etcétera, pues vamos a atraer situaciones del mismo tipo, por ejemplo: una pareja enojona, celosa, violenta. Pero si estamos enfocados en emociones como el amor incondicional, la paz, la generosidad y la abundancia, atraeremos situaciones y personas que estén en el mismo canal. Volviendo al ejemplo de la pareja, en este caso: una persona linda, comprensiva, generosa.

Ser abundante no es ser rico o millonario. Hay millonarios miserables y con una escasez interna enorme. ¿De qué sirve comprar todo lo que queremos si no somos felices, si no sabemos disfrutar, si no tenemos paz interior y plenitud? ¿Para qué tanto dinero si vivimos con cargas de conciencia, delirio de persecución, rencores, o si no tenemos gente que nos quiera por lo que somos sino sólo por el dinero que tenemos? ¿De qué sirve tener millones en nuestra cuenta bancaria si vivimos esclavizados a nuestro ego, caprichos y amargura?

Para ser abundantes en todas las áreas, (en amor, salud y dinero) es importante sanar, primero, nuestras heridas. Esa es nuestra misión: evolucionar a un estado superior de conciencia, trascender en amor. Quien está enfocado sólo en hacer dinero, no va a evolucionar, ni a trascender. La felicidad y la evolución no están peleadas con tener y hacer dinero. Pero hay que sanar nuestro corazón y mente antes que ocuparnos en otra cosa. "Mente sana en cuerpo sano", esto quiere decir: pensamientos y creencias sanas se reflejarán en nuestro cuerpo libre de enfermedades. Ya vimos que si tenemos pensamientos negativos, enfermaremos. Por eso es necesario sanar las emociones para vivir en salud. Lo que pienso lo siento, y lo que siento, lo registra el cuerpo como una señal para reflejarlo con síntomas o padecimientos. Ya vimos también que cuando el cuerpo se enferma, es porque la emoción se expresa. Cuando vivo en abundancia emocional (con mucho amor hacia mi persona y hacia los demás), ayudo a mis hijos, padres y demás familia, porque los genes se transmiten de generación en generación. Cada célula de nuestro cuerpo tiene energía conectada a la Matrix divina. El problema es que nos desconectamos de Dios; nos desconectamos de la Mente crística. Dios es luz, Él no creó el cáncer ni cualquier enfermedad. Él sólo creó la salud y, nosotros, con nuestro libre albedrío elegimos actuar mal y comportarnos mal, y por esas malas decisiones se crea la enfermedad.

Los chakras como símbolos de salud y abundancia

Los chakras son centros energéticos o psíquicos que tenemos en nuestro cuerpo y rigen distintos aspectos de la vida. Existen 7 principales, desde el coxis hasta la coronilla de nuestra cabeza. Cuando la energía en un chakra gira en sentido contrario de las manecillas del reloj, significa que está cerrado y ocasiona bloqueos en las áreas regidas por ése. Esto lo puede medir un terapeuta experto a través de un péndulo.

El primer chakra se encuentra en la base del sacro o coxis. La energía del dinero la encontramos en éste, conocido también como chakra raíz. El segundo chakra está ubicado dos dedos abajo del ombligo y tiene relación con la creatividad, el placer sexual y la cocreación con Dios. Crear vida es signo de abundancia plena. La energía sexual, reside en éste. Pero si hay síntomas como frigidez, libido baja, falta de orgasmos, disfunción eréctil y "apagón sexual", quiere decir que la persona vive en escasez. La energía de la abundancia reside en todos los chakras, pero principalmente, en los primeros tres (dinero - placer y cocreación - seguridad y autoestima). El tercer chakra o del plexo solar, se encuentra dos dedos arriba del ombligo, cerca de la boca del estómago y está relacionado con nuestra seguridad y autoestima.

Como terapeuta máster Reiki puedo decir que cuando mis pacientes sufren desequilibrios en el chakra 2, los síntomas son: vulnerabilidad y crisis económicas repetitivas; se sienten temerosos por su supervivencia. El Reiki ayuda a desbloquear y limpiar todos los chakras. El dinero es un símbolo de energía. Es importante mantener desbloqueados nuestros chakras o centros energéticos que atraen esta energía. Puede ser meditando, caminar descalzos en el pasto o la playa o sentarnos en posición flor de loto en un jardín y estar en contacto con el agua ya sea nadando o metiendo los pies en una tina. En YouTube existen meditaciones guiadas para atraer el dinero, y musicoterapia para abrir o desbloquear los chakras y abrirnos paso a la abundancia. Si queremos incrementar nuestra abundancia hay que poner atención a los 3 primeros chakras. El chakra raíz, el sacro y el del plexo solar simbolizan la energía que vibra con la supervivencia y los bienes materiales. Simbolizan dinero, creación y autoestima, respectivamente. Pero es importante que conectemos nuestro cuarto chakra (corazón) con todo lo que hacemos en la vida. El chakra corazón está encargado de la fluidez de las cosas; por lo tanto, bombea energía y el flujo económico. Entre más energía de amor exista en tu vida, más dinero existirá también.

Lamentablemente, la mayoría de la gente vive en el drama y la negatividad. La conciencia colectiva es como una densa masa energética que cubre a ciudades y países enteros con miedos, frustración, culpa, ira o cualquier emoción y pensamiento negativo. Lo que pensamos, sentimos y creemos a nivel personal e individual se va a esta conciencia colectiva afectando el entorno tanto para bien como para mal. Si pensamos positivo, le metemos energía buena a la masa gris y colectiva y, entonces, se limpia. Pero si le metemos energía negativa, pues ensuciamos más. Es igual que con la basura, cada uno debe de contribuir en no tirar tanta basura, reciclar y hacerse responsable de lo que ensucia. Hay que ocuparnos de nuestra propia mugre emocional y mental. Hay que limpiarla y no dejarla por todas partes.

De todos los tipos de abundancia que existen (espiritual, material, afectiva, emocional, etcétera), la más importante es la espiritual. Ya que es la conexión con la creación. Si no tenemos ésta, no tendremos las otras. Hay quienes tienen la falsa creencia de que, si tienen abundancia material, no pueden tener la espiritual o la afectiva. Creen que tienen que elegir entre una y otra: "Si tengo una buena pareja no puedo ser exitoso en lo económico", pero eso no es verdad, ¡se puede tener todo!

Para tener abundancia hay que saber pedir. Nosotros pedimos el qué (por ejemplo, quiero tal cosa, ser muy específico) y el Creador nos da el cómo lograrlo. Es necesario soltar el control y los apegos para que la Matrix divina nos brinde la manera de obtenerlo, el vehículo, el camino. Asimismo, es importante no mandar mensajes negativos a la Matrix divina. Por ejemplo, hay muchas personas que amablemente te abren las puertas de su casa diciendo: "Bienvenido a ésta, tu pobre casa." O como mi papá me decía de niña: "Yo gané esto con el sudor de mi frente." ¡Cancelado! ¡De ninguna manera podemos decir ni pensar que somos pobres! Porque ése será el mensaje que mandemos al Universo para que se cumpla nuestra petición o anhelo. No debemos partir desde el concepto de "necesito" porque denota carencia. En vez de "necesito un auto, pareja, trabajo etcétera". Es mejor desde decir: "Yo elijo, una pareja, auto, trabajo, etcétera."

Los miedos y la culpa bloquean nuestra abundancia. Por ejemplo, durante 3 años (hasta que terminé este libro) no tuve pareja porque tenía miedo de perder mi independencia y libertad. Pero en realidad el Universo siempre nos mandará personas, circunstancias y cosas para nuestro mayor bien y de la manera más elevada. Somos nosotros los controladores quienes no dejamos que el Universo se encargue del cómo y echamos a perder la fórmula mágica. Cuando soltamos el control, el Universo conspira en nuestro favor. Nacimos abundantes. No necesitas buscar la abundancia, está en tu interior. El Universo es abundante aquí y ahora.

Estas son algunas de las falsas creencias a nivel inconsciente que contribuyen a que nuestra abundancia se vea afectada y que he detectado en algunos de mis pacientes y en el Taller de Abundancia que tomé en THINK, de Laura Rodríguez Vázquez, para escribir este capítulo:

Creencias de escasez:
- No merezco.
- No soy suficientemente bueno.
- No sé recibir.
- Me causa culpa ser más que mi padre o madre.
- Me causa culpa ser más que mi hermano.
- Soy poca cosa.
- La vida es sufrimiento.
- Si soy abundante, me lo quitarán.
- El reino de Dios es de los pobres.
- Dios te da por un lado y te quita por otro.
- No se puede tener todo en la vida.
- No amo, porque me pueden abandonar y me va a doler.
- Merezco ser pobre.
- Merezco estar enfermo.
- Si soy abundante, me hacen brujería.
- Si soy abundante, me van a envidiar.
- O tengo éxito o tengo pareja.
- Si tengo dinero, me van a pedir.
- Si soy abundante, ya no pertenezco a mi familia.

- Si soy abundante, la gente va a creer que soy presumido.
- Dios ve mal que yo sea abundante.
- El dinero genera problemas.
- Estoy desconectado de la Fuente divina.
- Sólo con dinero puedo ser libre.
- Es malo tener mucho dinero.
- El dinero mata a las personas.
- El dinero es lo único que me hace feliz.
- El dinero destruye a la familia.
- Los espirituales no pueden tener dinero.
- La gente honrada no puede tener dinero.

Estas son sólo algunas de las más comunes. Un terapeuta certificado de Thetha Healing te puede ayudar a cambiarlas. Te sorprenderás al saber que tienes muchas de ellas a nivel inconsciente, por más absurdas que parezcan. Y es que muchas de ellas vienen en la información genética de nuestros ancestros y por eso se repiten patrones de conducta.

Haz que el dinero trabaje para ti y no que tú trabajes para el dinero

La perseverancia y la disciplina son la clave para alcanzar cualquier tipo de abundancia. Ser abundante es alcanzar un estado de paz, felicidad y serenidad, no tener millones. El que es abundante, puede no tener millones, pero sentir y saber que nada le falta. Otra clave para la abundancia es ser amorosos con nosotros, no desde el egocentrismo o la vanidad y la superficialidad. Lo mismo con los demás. Ser amoroso es saber ser un buen acompañante sin juzgar y sabiendo escuchar. Somos amorosos cuando respetamos el proceso de crecimiento del otro. Cuando rescatamos o le resolvemos la vida a los demás, somos cómplices de su no evolución, de su falta de abundancia. *Nadie puede ser abundante si no le gusta su trabajo. Es una especie de corrupción del alma. Para ser abundante es necesario la cultura del ahorro y no gastar más de lo que gano.* Intenta practicar labores que ames y ganarte la vida haciéndolas porque ello es una garantía para la prosperidad. *Entre más amor exista en tu vida y más ames lo que haces, más abundancia fluirá.*

Las implicaciones de la riqueza y la prosperidad van más allá de solamente trabajar mucho o evitar gastar. Nuestra conciencia afecta todo lo que vivimos, las relaciones, la salud y la cantidad de dinero que nos damos permiso de ganar ya sea en un negocio o en un trabajo. Cuando elevas tu conciencia de prosperidad, es como si activaras una nueva realidad para ti, una realidad en la que tu entorno es diferente y encuentras soluciones a problemas, suceden milagros que antes no te sucedían, incluso la energía del dinero misteriosamente se manifiesta más fluida, abundante o rinde más.

La abundancia económica comienza con la abundancia espiritual. Es básico hacernos esta pregunta si queremos abundancia: "¿Qué busco lograr siendo abundante?" Aquí algunas de las respuestas más comunes positivas y negativas a esta pregunta para ayudarte a meditar en lo que está detrás de tu intención de ser abundante:

Motivos positivos (Amor)

- Vivir pleno.

- Vivir en paz.

- Trascender.

- Compartir desde el amor, en equilibrio, sin derrochar.

- Dejar huella.

- Vivir en gozo.

- Vivir en salud.

- Enseñar lo que sé.

Motivos negativos (Ego)

- Ser poderoso.

- Causar envidia.

- Dominar o maltratar al otro.

- Subir la autoestima.

- Sentirme superior.

- Para que me acepten.

- Demostrarle a mis padres que sí pude.

- Vengarme de quienes me maltrataron.

- Para que me vean.

- Para que me incluyan.

- Sólo por tener fama.

Estos son algunos de los motivos negativos que usan los seres humanos escasos, como muchos actores, cantantes, deportistas... que suben muy rápido y después todo lo pierden. Los que viven desde la escasez pierden todo y vuelven a su origen, les falta abundancia espiritual, pues su riqueza la usaron para aplastar a otros. Los escasos con dinero o nuevos ricos, no saben manejar su fortuna y la pierden rápido.

La abundancia es equilibrio entre mente y emoción, entre lo que pienso y lo que siento, entre desear y actuar. Esta lista es de los miedos más comunes en aquellos con pensamientos escasos, que se pueden cambiar con el método Theta Healing:

Miedos
- A perderlo todo.
- A ser indigente.
- Al desamparo.
- A la infelicidad.
- A la muerte.
- A la enfermedad.
- A la soledad.
- A ser nada.
- A estar vacío.
- A la depresión.
- A la oscuridad.
- A parecer zombi.
- A querer morir.
- A la escasez.
- Al abandono de Dios.

Hay que recordar que todas las emociones son un imán. Todo lo que siento, lo atraigo. Por ejemplo, el miedo: lo que temo lo atraigo. Si una persona logró tener abundancia pero tiene miedo a perderlo, seguramente perderá todo. Cuando tenemos experiencias de escasez es importante darnos cuenta para qué o con qué propósito llegaron a nuestras vidas y luego soltarlas o dejarlas ir. Por ejemplo: "¿Me sirvió para perdonarme?" "¿Para ser menos soberbio?" En ocasiones atraemos traiciones o robos cuando nos traicionamos. Por ejemplo: "Decir sí cuando quiero decir no." Corromperme yendo en contra de mi naturaleza o esencia. En otras ocasiones tenemos miedos que no son nuestros, sino de nuestros padres. Es importante detectarlos, hacerlos conscientes y trabajarlos, para no heredarlos a nuestros hijos. El miedo no se combate, se trasciende, se supera. *La aceptación es abundancia, la queja es escasez.*

Existe una triada o tres conceptos para vivir en la abundancia en todo sentido: amor, gratitud y perdón. Generando estas energías con nosotros y con quienes nos rodean, viviremos en abundancia tarde o temprano. Creerte y saberte merecedor es básico para ser abundante. Enfocarte en lo que deseas. No en cómo lo obtendrás. Entregándole a Dios el control, sin caer en la mediocridad o el estancamiento o la parálisis. Para ser abundantes también es necesario tener un concepto positivo del dinero y una alta autoestima. Para elevar nuestra autoestima es necesario valorarnos, pero sin juzgarnos. Necesitamos apreciar y agradecer sin poner "peros". Porque dar gracias, es estar en estado de gracia.

Estas son algunas creencias que podemos descargar con el método Theta Healing para abrirnos a la abundancia:

Abundancia

- Entiendo la definición de abundancia de "El creador de todo lo que Es" del Séptimo Plano.
- Sé lo que se siente tener abundancia.
- Sé cómo tener abundancia.
- Sé cómo vivir mi vida diariamente con abundancia.
- Sé la definición, perspectiva y entendimiento de abundancia de "El creador de todo lo que Es."
- Sé que es posible tener abundancia.
- Merezco tener abundancia.

La gratitud y bendición cotidianas nos ponen en sintonía para recibir abundancia. La rendición cotidiana a la voluntad de Dios nos abre caminos de abundancia. Por tanto, hay que renunciar a nuestros caprichos del ego, o sea, querer hacer nuestra voluntad y no la de Dios. La espiritualidad no está reñida con la abundancia. Debemos estar dispuestos a escuchar la voz de Dios, no te desvíes, no pierdas tiempo con ideas egocéntricas. Hazle a Dios estas preguntas que UCDM sugiere:

Lección 71. Sólo el plan de Dios para la salvación tendrá éxito

El plan de Dios es eficaz. Él es tu guía para encontrar la salvación. Si has de tener éxito, como Dios promete que lo has de tener, tienes que estar dispuesto a buscarlo. La práctica de hoy consiste en reconocer esta certeza: hay una respuesta para lo que parece ser un conflicto sin solución. Para Dios todo es posible. Alcanzar la salvación por razón de su plan es algo que no puede fallar, su plan triunfará, te conducirá a la liberación y a la dicha. Hay que preguntar muy concretamente: "¿Qué quieres que haga?" "¿A dónde quieres que vaya?" "¿Qué quieres que diga y a quién?" Deja que Él se haga cargo del resto de la sesión de práctica y te indique que es lo que tienes que hacer en su plan. Él responderá en la misma medida en que tú estés dispuesto a oír su voz. No te niegues a oírla. Esto es suficiente para que seas acreedor a su respuesta.

Ritual en el mar para conseguir pareja y trabajo

Describo este ritual porque varias mujeres me han preguntado cómo conseguí mi nuevo trabajo y como conseguí mi última pareja. Me llegó por inspiración y es muy sencillo. Me fui a la playa el día de mi cumpleaños, viajé sola porque era día hábil y nadie me pudo acompañar, pero lo disfruté mucho porque siempre estoy acompañada por Dios y ya nunca me siento sola.

Me metí al mar de espaldas (alguien me dijo que era una señal de respeto) y le pedí permiso para que me limpiara. El agua salina es maravillosa para limpiar no sólo el cuerpo físico, sino el emocional y el aura. Me puse a flotar con brazos abiertos y las piernas juntas (en forma de "T" o posición de crucifixión), abrí los puños con la conciencia e intención de soltar el miedo, el control; cerré los ojos y vi una luz muy intensa de varios colores; empecé a orar y platiqué con Dios, le dije que le entregaba el control de mi vida y ponía en sus manos mi futuro laboral, mi frustración y malestar por mi trabajo de ese último año. El flotar con los ojos cerrados es, en el mundo simbólico, una forma de decir: "Fluyo y me dejo guiar con fe absoluta adonde tú me lleves, Dios."

Al principio titubeaba y no podía flotar más que unos segundos y con los ojos abiertos. Me invadían pensamientos negativos como: "¿Y si me ahogo?, ¿y si hay tiburones o aguas malas?, etcétera", el discurso típico "de la loca de la casa". Poco a poco me relajé y se me quitó el miedo. Me di cuenta de que si abría las manos podía entrar más agua, más abundancia. Porque, con los puños cerrados, estamos controlando y no permitimos que Dios obre en nuestras vidas, llenándolas de bendiciones. Hice varias respiraciones y me sentí protegida, abrazada por el mar y en contacto con la naturaleza, que es la manifestación de Dios. Estaba segura y protegida. No importa si al principio usas chaleco salvavidas, lo importante es sentir que fluyes y entregas el control a Dios y a la corriente. A los 15 días de hacer este ritual a conciencia y con el corazón, recibí una llamada de una ejecutiva de TV Azteca, Estados Unidos (Azteca América) para ofrecerme trabajo como conductora titular del programa *Al extremo*. ¡Funcionó! Aunque llevaba varios meses pidiéndole a Dios que me diera un trabajo en Estados Unidos, pero viviendo en México, le dije: "Dios, sé que es una locura, pero quiero trabajar en Estados Unidos y vivir en México, por favor. Si es tu voluntad, cúmpleme esta locura, que nada es imposible para ti." La oración, meditación, visualización y escritura me sirvieron para pedir y recibir todo aquello que necesité.

Abundancia: el equilibrio
entre la luz y la sombra

Todo pensamiento que no incluya o provenga del amor es una invitación para que la sombra o lo negativo entren. Si no elegimos amar, se crea un vacío psíquico y el miedo ocupa ese lugar. Como dice Romeo Beas, mi primer maestro de Theta Healing, "meditar es saber estar conmigo, pero de manera consciente". Como toda práctica espiritual, requerimos de disciplina. Recomiendo al menos 5 minutos diarios al despertar. Al orar, ya sea flotando en el mar, en el altar o cualquier espacio que designes en tu casa para meditar o donde sea, es muy importante mencionar las bendiciones que has recibido últimamente o el día anterior: salud, trabajo, familia, amor, etcétera. Cuando invocamos la energía de la gratitud, los pensamientos negativos se esfuman y llega más de lo mismo de aquello que agradecemos: abundancia.

Así como todos tenemos un lado masculino y uno femenino, también tenemos un lado de luz y de sombra. La luz es nuestra conciencia y la oscuridad está conformada por el inconsciente, por eso aflora a veces de forma involuntaria. En un día cualquiera de una persona normal… ¡El número de pensamientos que nuestro lado obscuro o sombra generan es enorme! La tendencia hacia los pensamientos negativos está presente siempre. Pero el iluminador, el Espíritu santo, conciencia o como gustes llamarle a tu lado luminoso, también está presente y al alcance de una oración. Está autorizado por Dios o tu Poder superior, para ayudarte en todo aquello que necesites.

Cuando tengas sentimientos o pensamientos negativos, entra en el flujo de la gratitud y verás cómo tu luz hace desaparecer tu sombra. No existe oscuridad donde hay luz. Es un acto voluntario totalmente. Aun cuando no puedas cambiar los hechos externos (la muerte de algún ser querido, una separación, una catástrofe), tu actitud sí puede cambiar frente a ellos. Escribe, visualiza, verbaliza y, si te es posible, siente todos aquellos motivos por los que estas agradecido. Si te estás criticando, sientes que te odias o a alguien más, intenta, en vez de eso, agradecer lo que aprendiste o lo que recibiste positivo de esa persona o circunstancia. Hay que amarnos y agradecernos siempre en primer lugar, porque nadie puede dar lo que no tiene. En presencia del amor, el miedo se va en automático, inmediatamente. El miedo es lo opuesto al amor.

La sombra ni siquiera es real, es ficticia. Pero sus efectos pueden ser mortales. Tenemos que aprender a detectarla y trascenderla abrazándola e integrándola, no rechazándola. Insisto: con oración, meditación, silencio, lectura espiritual y reuniones con personas que busquen la Luz, pues son esenciales para cobrar conciencia y trascender nuestros miedos y errores. Las reuniones en un espacio sagrado y con un propósito de crecer en conciencia son una forma muy efectiva de cultivar la luz. Los grupos espirituales donde gobiernan el amor y la devoción (religiosos o de otro tipo), potencializan el campo del amor elevando a sus miembros a una vibración más alta, a un nivel más elevado de conciencia. Al estar en una iglesia, sinagoga, reunión de autoayuda, doce pasos de AA, estudio bíblico o en algún otro tipo de grupo de meditación o retiro espiritual, podemos escuchar a nuestro corazón y a Dios (es lo mismo ya que reside en nuestro interior como una chispa divina). Como sucede con todos los hábitos, o adicciones, es más fácil cultivar los positivos cuando estamos con otros que hacen lo mismo. La energía o intención se multiplica exponencialmente cuando estamos con otros seres humanos. Tal como la promesa bíblica de Jesús: "Donde más de dos se reúnan en mi nombre, ahí estaré."

En su libro *Luz en la sombra,* Marianne Williamson nos explica lo siguiente: "Cuando observo los aspectos de la sombra de otra persona, no puedo hacer más que entrar en los míos: en la furiosa, la controladora, la necesitada, la deshonesta, la manipuladora, etcétera, que soy.

Cuando entramos en la oscuridad de culpar y criticar, nos cegamos a nuestra propia luz y no podemos encontrar nuestra mejor versión. Si me juzgo, me critico y soy poco amorosa, estoy entrando en la sombra, impidiéndole el paso a la luz. También, cuando me engancho con cualquier forma de autosabotaje, estoy dándole pie a las conductas destructivas (vicios, adicciones) y me estoy alejando de mi verdadero propósito que es la voluntad divina, la unión con el Creador. La mente, en su estado natural está en comunión constante con el espíritu del amor. Pero la sombra tiene sus «embajadores» dentro de nosotros: pensamientos que siempre nos atraen a percibir las cosas con desamor. Por ejemplo: «Me dijo que me contrataría, pero no lo ha hecho, es un…; su política no me gusta, no puedo soportarla…; cómete todo el pastel, olvida lo que diga el médico…; no importa si te quedas con ese dinero, nadie se va a enterar…», en fin. Si no meditamos u oramos (experiencia de amor y gratitud entre el Creador y el creado), es muy fácil caer en la sombra, en las tentaciones de ver las cosas desde el desamor, en lugar del amor."

La mayoría nos despertamos y dormimos viendo televisión, en su mayoría noticias que generan miedo. Lo primero que hacemos es prender la televisión, leer el periódico o conectarnos a internet. Estamos descargando en nuestro "disco duro" pensamientos de miedo provenientes del mundo entero. Por eso nos sentimos tristes o deprimidos sin razón aparente, iracundos, desgraciados, escépticos, apáticos o fuera de lugar. Respondemos y reaccionamos desde la sombra, ¡porque es lo que más recibimos, vemos, oímos y cultivamos! Por las mañanas es cuando más receptivos y abiertos estamos a la información, emociones, sensaciones, etcétera. Para entrar en la sintonía del amor, bendice tus cinco sentidos y agradece todas las bendiciones que tienes a la hora de despertar, y pídele a Dios que sean filtrados aquellos mensajes que provienen de la oscuridad o la escasez. Ten conciencia y analiza todo aquello que elijes "meterle" a tu cuerpo.

Durante las cenas de Año Nuevo, en vez de hacer doce propósitos que por lo general no los cumplo en su totalidad o son ideas que vienen de la vanidad o el ego, lo que hago es hacer una lista de doce bendiciones recibidas en el año que termina. Es más fácil, práctico y genera más abundancia. También recomiendo hacer anualmente un retiro espiritual donde nos revisemos a fondo. Acciones, aciertos, fracasos, pérdidas, debilidades y éxitos generados del último retiro a la fecha. Trabajar los miedos y culpas que todos tenemos. Los daños que hemos generado voluntaria o involuntariamente en otros, por lo general, en aquellos con los que vivimos. Aquellas personas quienes decimos que son los que más amamos, son aquellos a quienes más lastimamos. Nuestra relación con la pareja, los hijos, los hermanos o los padres, es el mejor termómetro para saber si ya debemos revisarnos interiormente. Recomiendo el retiro Agua Viva, de cuarto y quinto pasos, donde a través de la escritura (a modo de conciencia y catarsis), la oración, meditación, ayuno y vigilia, se combaten las pasiones humanas más bajas (oscuridad), para que emerja y se expanda nuestro cuerpo espiritual (luz). Éste, sin duda abre caminos de abundancia.

Diario suceden milagros por todas partes, sólo tenemos que estar abiertos y alertas a recibirlos. Abrimos la puerta de los milagros cuando nos rendimos y sometemos nuestros miedos al poder de Dios. Encuentra tu esencia crística o divina adentro de ti y acéptala. Cree que Dios mora en tu interior. No seas como yo que, cuando me dijeron esto hace unos 20 años no lo creí, porque me sentía inmerecedora de serlo, debido a la frase que malinterpreté: "Señor, yo no soy digno de que vengas a mi, pero una palabra tuya bastara para sanarme."

Voluntad

Tener una vida espiritual y abundante es ejercer mi poder de elección, dejar de ser reactiva para ser proactiva. Accionar en vez de reaccionar: "¿Elijo quejarme o agradecer? ¿Elijo pensamientos de amor o de miedo? ¿Elijo nutrirme y darme a mí primero o a los demás y dejarme en último lugar? ¿Elijo planear mi vida desde el control para protegerme o espero que la vida me sorprenda con milagros?"

Si no tienes fuerza de voluntad, pídesela a Dios, si no sientes necesidad de depender de tu Poder superior, pídele que te ilumine, dile que quieres sentir su cercanía.

Para ser abundante, se necesitan 2 acciones clave: aceptación y gratitud. Para ello hay que soltar el control y entregárselo a Dios, aunque a veces da miedo. Es momento de entender que ese control nos ha llevado a equivocarnos y a no vivir en el aquí y ahora, porque no estamos alineados a la voluntad de Dios. No hay que olvidar que la voluntad de Dios y la propia tienen que ser la misma, es decir: elegir el bien, elegir ser felices, elegir ser buena persona, ser generoso, ser recto y siempre ser agradecido.

Para ser abundantes, también es necesario renunciar al falso prestigio mundano. Por ejemplo, tuve que renunciar a él cuando comencé mi carrera como guía motivacional. Renuncié a la idea falsa de que si era sanadora y motivadora, perdería mi credibilidad como periodista. Me pesaba mucho la opinión de periodistas serios si se enteraban de que estaba realizando ese tipo de prácticas espirituales. Tuve que salir de mi zona de confort con el oficio de periodista y hacer a un lado lo que pensaran de mí. Ser versátil y reírme de mí, dejar de tener miedo al qué dirán y al fracaso, ser fiel a mí y a mis creencias. Estar alineada a la voluntad divina, ése es el verdadero prestigio, y no la fama mundana.

Para ser abundantes afectivamente y en nuestras relaciones de pareja, hay que aceptar el reto de amar sin querer cambiar al otro. Practicar la aceptación sin condición, ahí es donde se acaba el sufrimiento. En luchar contra nosotros y contra la otra persona, en eso se resume la solución para los codependientes, quienes hacen de su pareja su "dios" y su vida entera gira en torno a ella. La sabiduría china nos dice que pongamos nuestra felicidad en varios asuntos y el codependiente la pone sólo en la pareja. Por eso es necesario, además, practicar el desapego, para dejar espacio para la abundancia.

¿Cómo queremos que lleguen cosas nuevas a nuestras vidas si elegimos no dejar ir las viejas (hábitos negativos o inservibles, apegos, creencias)? Mientras más suelto, más abundancia llega. El desapego se practica con aceptación y amor. Aceptación, mas no resignación; porque esta última se hace sin convicción. Hay que convencernos de que el camino adecuado es el de la libertad, no el de apegos, no el de malas relaciones, control; hay que aceptarnos y a los demás tal como somos. Tuve una relación de pareja en la que me di cuenta de que cuando hago algo por obligación y culpa, me resiento y genero resentimiento en los demás. Por eso hay que hacer las cosas por convicción y no por obligación.

A veces heredamos miedos y preocupaciones de nuestros antepasados, adquirimos conductas codependientes que nos alejan de la abundancia afectiva. Ejemplo: heredé la preocupación excesiva de mi mamá y ella la de mi abuela; no sabía vivir sin preocupaciones o sin cuidar de alguien. Creí varios años que ser buena mujer era tener preocupaciones, estar pendiente de los demás; hoy tengo la certeza de que ser buena mujer es ser responsable de mi propia felicidad y de mis actos. Amar a los otros y ayudar, pero sin victimizarme, hacer lo mejor que pueda, pero sin apegarme y sabiendo soltar a quienes no aportan a mi vida y dejando fluir la gracia de Dios en mi vida. De ese modo llegará una pareja evolutiva, consciente; no una persona codependiente ni destructiva. Si yo estoy en el camino del crecimiento de conciencia no puedo permitir engancharme con alguien que, en lugar de hacerme mejor persona, me haga peor. Y para eso hay que pedir la intercesión del Espíritu santo y confiar en que, por medio de él y de Dios llegará la persona y la situación adecuadas a nuestra vida.

Abundancia y desempleo

Parecen opuestos, pero tienen todo que ver, uno puede ser consecuencia del otro. En 2 ocasiones me he quedado sin trabajo por ser despedida. En ambos casos, según las palabras de mis jefes, no fue porque mi trabajo fuera malo, sino porque eran tiempos de crisis. La primera vez del Sistema Informativo Eco, de Televisa, en 2001, en un despido masivo de 200 empleados. Esto contribuyó a la depresión postparto que estaba viviendo, ya que yo mantenía los gastos de mi casa en su mayoría. En aquel entonces, creía que yo era mi trabajo, que la vida se acababa más allá de Televisa. Nada más falso, mi mejor época laboral vino después, pero fue un gran aprendizaje. Entré en miedo y le di rienda suelta a mis pensamientos negativos, obsesivo-compulsivos, no confié en Dios, en las circunstancias y mucho menos en mi entonces marido para salir adelante. Debido a mis pensamientos negativos y mis miedos, he puesto en riesgo mi felicidad en varias ocasiones.

En aquel entonces trabajaba para ECO, un programa de noticias de la compañía de don Emilio Azcárraga Milmo, su idea era tener una ventana internacional que le diera prestigio a Televisa, aunque no fuera un buen negocio. Íbamos adelante del noticiero CNN en español, en cuanto a crecimiento. Yo conducía con otros compañeros los segmentos informativos de 4 y 6 de la mañana y llegaba a mi departamento a hacerle el desayuno a mi esposo, para dormir después varias horas. ¡Me sentía feliz y agradecida, aunque tuviera horario de antro! Estaba feliz de que recién salida de la Universidad del Nuevo Mundo, tuviera un trabajo al nivel de grandes personalidades como Guillermo Ortega, Abraham Zabludovsky,

Adela Micha, etcétera. No sólo era trabajar con algunos de mis ídolos en aquel entonces, como Micha, a quien admiré desde que iba a darnos pláticas a la Universidad donde ella también había estudiado, sino que además era ganar un sueldo muy bueno, ya que a los nuevos nos colocaban en los noticieros de la madrugada para "calarnos" pagándonos un sueldo extra del 50% ¡Era el sueño de cualquier universitario! Pero empecé a darle poder al prestigio mundano y descuidé mi vida espiritual y mi matrimonio, por estar deslumbrada con el medio artístico y mis compañeros, con quienes salía frecuentemente a cenar y bailar, y además con mi sueldo me sentía poderosa y libre.

Después del despido, no fue fácil conseguir trabajo. Y cuando lo conseguí en Canal 4, haciendo unas cápsulas de ciencia y tecnología para el noticiero de Alejandro Cacho, era mal pagado y no tuve la capacidad para realizarlo por la depresión postparto. Ésta me impedía concentrarme y hacer las labores más sencillas y cotidianas como tender una cama o elegir la ropa que me iba a poner. Rechacé en varias ocasiones a mi bebé por sentirme incompetente y vacía. Pensaba que era una mala madre sin experiencia, no tenía apetito y presentaba trastornos del sueño. Prefería que cualquiera lo cargara excepto yo, porque estaba agotada todo el tiempo y tenía pensamientos donde creía que yo o él podíamos morir. Así que corría a su cuna cada vez que lo escuchaba llorar y, cuando llegaba a verlo, me daba cuenta de que estaba perfectamente dormido, o sea que ya tenía un nivel de psicosis que había que atender. Por eso me metí a tantos cursos, tratamientos, psicólogos, etcétera. Y gracias a que retomé mi camino espiritual, a que elegí tener a Dios en mi vida, fue que salí adelante.

La segunda vez en que he estado desempleada es ésta, mientras termino de escribir el libro. Fui despedida de Azteca US, por un recorte ante la crisis de las televisoras. Me cayó de sorpresa, fue el lunes 13 de junio de 2017. Mi jefe me dijo que estaba contento con mi trabajo pero que los ratings estaban bajos y que la competencia estaba feroz. No lo vi venir. Yo era la única con contrato y eso me daba cierta seguridad. Pero en esta vida nada es seguro, más que el amor de Dios y fui la primera en ser despedida, aun con el contrato.

Hoy entiendo que hay cosas que Dios "te quita" y son para que te enfoques en lo que vale más la pena. Que cuando te "cierran" una puerta, se abre otra mejor. Estoy convencida de que si Dios no me hubiera quitado este trabajo en *Al extremo*, mi codependencia y alto sentido de responsabilidad me hubieran hecho quedarme ahí más años, disfrazándolo de "tengo la necesidad" de un buen sueldo, porque soy madre soltera y por temor de no moverme de mi zona de confort.

Es muy importante salir de nuestra zona de confort para evolucionar como persona. Y al final nos damos cuenta de que resulta que no estábamos tan cómodos. Las crisis son oportunidades para crecer siempre y cuando sepamos manejar los pensamientos negativos, tengamos fe y mantengamos algún hobby o servicio para ayudar a otros y mantener nuestra mente enfocada en algo positivo. Aprendí que este despido fue para mi mayor bien, ya que la vibración de las noticias negativas del programa, sus contenidos sangrientos, me estaban haciendo mucho daño.

A pesar de que sugerí usar *blurs* o mosaicos para tapar cosas en las escenas más crudas, me dijeron que así tendríamos mejores ratings. Desafortunadamente eso es cierto en la mayoría de las audiencias. El morbo vende. La televisión sensacionalista sirve como una especie de catarsis mal direccionada, donde mejor juzgamos al de enfrente y nos enteramos de las vidas y tragedias de otros para no hacernos cargo de nuestros errores, adicciones, obsesiones, carencias y vidas lejos de Dios.

Desde que escribí mi primer libro: *Sexo, la puerta a Dios*, y fundé mi programa radial online: *Los huevos no son al gusto*, con el objetivo de crear conciencia para la prevención del delito y adicciones, di un paso hacia la luz. Espiritualmente fue un compromiso que hice con la audiencia para ofrecer contenidos que dieran esperanza y fortaleza. Varias noches Dios me despertó para escribir este libro. Simplemente lo sé. Al principio, escuchaba su voz pero no quería hacer caso, porque no sentía realmente que tuviera un buen mensaje que dar. No me sentía lo suficientemente buena y paciente para escribir un libro yo sola. El primero lo hice con dos autoras muy buenas, ellas me convencieron para escribirlo, porque yo no tenía tiempo ni pasión suficiente para realizarlo. Estaba estancada y sin la inspiración necesaria, después entendí que si Dios te quiere sirviéndole en algo, hará lo que sea con tal de que te enfoques en donde debe estar tu atención, ¡incluso perder un trabajo con un buen sueldo!

No obstante, como en todo duelo, la pérdida de un empleo o una relación requiere trabajar el desapego y la aceptación de la realidad. Cuando salimos de una relación o un trabajo, pasamos también inevitablemente por las 5 etapas del duelo, como cuando perdemos a un ser querido: negación, ira, negociación, depresión y aceptación.

Resiliencia

La resiliencia es la capacidad de adaptarse y reponerse ante la adversidad. Hacerle frente a un trauma, tragedia, o desastre natural; así como lidiar, de la mejor manera, con problemas serios de salud, situaciones estresantes, pérdidas, etcétera.

Lo normal es mostrar resiliencia frente a un problema. Aceptar y resolver las situaciones que nos meten en un embrollo con fe y optimismo. Un ejemplo es la respuesta positiva de la gente con los terremotos de 1985 y de 2017, para ayudar a otros y hacerle frente a la adversidad reconstruyendo no sólo los edificios físicamente, sino las vidas de las personas. Hay que mirar hacia adelante, no dejar que el pasado y el dolor nos consuman, nos atrapen en su desesperanza. En Estados Unidos tenemos la respuesta de la gente a los ataques terroristas del 11 de septiembre de 2001, los esfuerzos individuales para reconstruir sus vidas en medio de la tragedia. Es decir, hay que salir adelante, a pesar de nuestras circunstancias. Dios y nosotros mismos somos más grandes que cualquier situación, por terrible que sea (la de los campos de concentración durante la Segunda Guerra mundial es un ejemplo muy claro). Y eso no hay que olvidarlo jamás. Nuestra capacidad de reponernos es fundamental para no perder la conexión con Dios y con sus bendiciones.

Ser resiliente no quiere decir que la persona no experimente dificultades o angustias. El dolor emocional y la tristeza son normales en las personas que han sufrido grandes adversidades o traumas en sus vidas. Pero hasta cierto punto, hay que permitirnos sentir las emociones negativas y trabajarlas para luego dejarlas ir. Llegar al último paso del duelo: la aceptación. Y ya que llegamos a éste, seguir adelante de la mano de Dios.

Después de la cadena de huracanes y terremotos en septiembre de 2017, los mexicanos que aprendimos la lección, nos hicimos resilientes: nos levantamos y seguimos adelante. Esto es algo que debemos hacer todos. Lo he visto con las madres de los hijos con cáncer y aquellas que padecen cáncer de mama, que atendí con terapias Theta Healing en un par de hospitales (CDMX y Toluca). Lo mismo con las madres de los niños sobrevivientes de aquel incendio en la guardería ABC, en Hermosillo, Sonora, cuando los entrevisté en uno de sus aniversarios.

El gran aprendizaje que tuve con esos niños es que no hay nada de malo en ellos, lo que debe corregirse son las mentes de los adultos, para liberarnos de prejuicios y ego. Sanar las mentes enfermas de los adultos. Al principio llegué con pánico a la fiesta infantil de ellos y después a un hospital donde me invitó mi amigo, el pediatra y tanatólogo Jesús Galeana, porque nunca había atendido a ningún paciente con cáncer y, de pronto, tuve que enfrentarme a la presencia de 15 niños enfermos, ¡y eso me aterrorizó! Era mi ego el que estaba interfiriendo para realizar las terapias. Finalmente, solté el miedo y las expectativas de las sanaciones y todo fluyó. A veces olvidamos que es Dios el que las realiza. Nosotros sólo somos un canal que a veces duda de uno mismo y del poder de Dios.

8

Tres milagros:
Kia, Julio y Nayeli

Como periodista he sido testigo de varios milagros relatados en estas páginas: la sobrevivencia de una familia completa a la explosión masiva en Xalostoc, el secuestro y el martirio de Laura y los que mencionaré a continuación. Todos ellos unidos por un lazo innegable: el amor y la fe en Dios.

Lifefullness Kids

El 22 de junio de 2017 fui invitada a una conferencia en el Colegio Internacional donde mi hijo Darwin cursaba la secundaria. Ahí conocí a Kia Sherr, una mujer bondadosa y dulce. Me dejó impresionada. Tomé el micrófono y le dije que era un honor tenerla en México en momentos de tanta violencia escolar, pues acababa de suceder una golpiza terrible entre alumnos de dos colegios de Legionarios de Cristo, durante una fiesta de graduación de preparatoria: el Colegio Cumbres y el Instituto Irlandés, dejando varios heridos de gravedad. Le dije que su vida era un ejemplo de resiliencia del que todos debemos aprender.

Kia vivía en Virginia con su esposo e hija en un santuario de meditación. Buscaban una vida más holística, entonces su hija tenía 13 años (ella quería ser cardióloga). Su esposo e hija viajaron a Mumbai, India, con un grupo de practicantes de meditación cuando 10 terroristas sitiaron la ciudad y ellos fueron reportados desaparecidos. En CNN postearon sus fotos para localizarlos. La conexión con el mundo exterior fue importante porque mucha gente desconocida se unió en meditación y oraciones. Al día siguiente se supo que no habían sobrevivido. A Kia le llegó una lluvia de mensajes de apoyo de musulmanes, cristianos e hindúes, sumándose con amor a la pérdida. En palabras de ella: "Recibí un tsunami de amor, porque todos somos uno, el corazón nos une, somos humanos unidos, sin importar nuestras creencias." Cuando respetamos las diferencias y la dignidad de nuestros corazones, crecemos; pero cuando esta conexión se rompe, los seres humanos podemos herir a otros.

La fundación Medita México sirve para hacer esa conexión desde nuestro interior hacia nuestro exterior, para ser compasivos. No importa la adversidad, no reaccionaremos con violencia a la violencia. El terrorismo existe de muchas formas en todo el mundo. Existe un terrorista interior que no duda en lastimar a otros, cuando conocemos a ese terrorista, podemos combatirlo con amor, el poder está en el corazón. Kia quiso ir a conocer a su familia mundial y se mudó a Mumbai, y justo en el hotel donde fueron asesinados sus familiares, creó la fundación One Life Aliance y escribió un libro sobre el perdón. El mundo exterior es sólo una ilusión, en cambio, el mundo interior es una realidad: los sentimientos, pensamientos y emociones.

El programa *Lifefullness Kids* trata precisamente de esto, de optar por el amor y no por el odio, por el perdón y no por el resentimiento o la venganza. Existe un programa en la India, pero nunca habían llegado tan lejos como hasta ahora a México. Este modelo, basado en el poder de elegir el bien sobre el mal, se puede usar y enseñar en todas las escuelas del mundo. Consiste en llevar a cabo 30 pasos durante 30 días, en su primera etapa, con el fin de honrar la vida.

Empieza por calmarnos, practicar el silencio, detenerse por completo. Estar con uno, dejarnos sentir nuestra propia presencia. Tenemos tecnología sónica y subsónica que nos ayuda a aquietar la mente con audios de meditaciones que llegan al estado alfa, theta y delta. Debemos darnos, aunque sea, diez minutos de silencio cada día, necesitamos más meditación y menos medicamentos. Sentir la unión con Dios, el perdón. Tener dominio propio, autocontrol. No existe arma tan poderosa que pueda matar al amor. No tienes que ir a ningún lugar para meditar, la experiencia es interior. Gracias al equipo de Kia y *Lifefullness* se implementó un programa con la PFP (Policía Federal Preventiva) para medir la inteligencia emocional y reducir los índices delictivos.

Fundación Medita México

El Colegio Internacional es el primer colegio privado en la Ciudad de México que implementa la meditación cotidiana. La idea es que cada colegio privado patrocine a un colegio público. El Colegio Internacional patrocinó al Colegio Luis Pasteur, de

Texcoco. Durante la conferencia de Kia, 2 alumnos del Internacional compartieron su experiencia de las meditaciones con alumnos de Texcoco: "Gracias a la meditación podemos reconectar mente y corazón. A veces no queremos lastimar y solamente poner límites, pero no sabemos cómo." Un alumno compartió a otros alumnos que golpeó a otro respondiendo a sus agresiones. Le destrozó la cara, sin embargo, reparó el daño y resolvió la situación: "La meditación nos brinda conciencia y podemos detener a tiempo una acción violenta de la que podemos arrepentirnos toda la vida." ¿De qué nos sirven alumnos inteligentes y aplicados si no son buenas personas? Insisto, necesitamos más inteligencia emocional, educación emocional. Y esta educación no la están aprendiendo los jóvenes en casa ni en las escuelas. Por eso decidí escribir este libro y fundar *Los huevos no son al gusto,* que empezó como un programa de radio online, pero la idea es que crezca como un movimiento que inunde distintas plataformas, incluyendo la televisión.

Entrevista a Kia Sherr

Al terminar la conferencia, pude acercarme a Kia para pedirle su opinión sobre mis inquietudes, he aquí la entrevista traducida que le realicé el 22 de junio, de 2017:

¿QUÉ PODEMOS HACER LOS MEDIOS DE COMUNICACIÓN PARA DEJAR DE ADORAR AL DIOS RATING Y HACER EL CAMBIO HACIA CONTENIDOS MÁS POSITIVOS?

No debemos usar el término espiritualidad, porque mucha gente no lo entiende o lo malinterpreta. Finalmente, la espiritualidad está inmersa en todo y claro que existe. Es mejor hacerles entender que debemos obtener paz, de la manera más práctica, y eso es lo que estamos haciendo aquí en esta escuela. Es mejor hablar de paz y no de espiritualidad, para que no se confunda con la fe o adoración a algo o alguien. Ni siquiera en la India hablamos de espiritualidad. La paz es algo natural, emana de nuestro interior, ¡se puede medir y está afectando a los negocios! Me sentí atraída por el concepto de paz cuando escuché que se puede medir a través del Global Peace Index, creado por la ONU, el ranking se llama Peace Metrix. Existe la economía de la paz, porque existe un alto costo de la violencia que está afectando a los negocios. Lo que es bueno para la humanidad, es bueno para los negocios. La paz trae sus ganancias y debemos procurar un ambiente pacífico: un gobierno que funcione bien, igualdad en la distribución de los recursos, una buena relación con nuestros vecinos, educación de calidad, libertad de expresión y el respeto de los derechos humanos. Saber cómo podemos encajar en esto. Todos somos agentes de la paz. Debemos entender que la paz va más allá de la ausencia de guerra. Depende de nosotros saberla crear. Más allá de resistirla y pelear en contra de aquello que no nos gusta. Eso no funciona y genera reacciones negativas como miedo, odio, avaricia, gula, etcétera. Simplemente se trata de cambiar el foco de nuestra atención a lo opuesto y crear alrededor de esa idea, pero sin sermonear, porque a nadie le gusta que le den sermones.

¿Pero podemos tener buenos ratings a partir de eso?

Creo que sí, creo que es un gran reto, porque necesitamos trabajar con números y podemos convertirlo en una meta. Todas las respuestas están ahí, pero si nos conectamos con esta sabiduría, recibiremos la inspiración necesaria, necesitamos fluir y aceptar las cosas como son y empezaremos a "descargar" la información y traer cosas nuevas con buenos ratings.

Creo que podemos hacer buen uso de la tecnología para crear y no para destruir, como lo hace el ciberbullying, por ejemplo. Es mejor optar por los mails que dices que recibiste de tanta gente como si fuera un tsunami de amor, hacernos amigos de la tecnología para usarla para algo positivo...

Algo que descubrí es el poder del contraste, y esto funciona muy bien en los medios de comunicación. Me reuní con la policía de Mumbai y con el departamento científico de la Policía Federal Preventiva de México. Nos pidieron colaborar con un programa a largo plazo para capacitar a los agentes, para que puedan medir científicamente el efecto en las ondas cerebrales, la inteligencia emocional y analizar los resultados.

La actitud y propuestas de Kia son un verdadero milagro. Ella apuesta por el amor y la paz donde hay odio y guerra. Y gracias al movimiento que está haciendo ha podido lograr muy buenos resultados en poco tiempo. Es un ejemplo de resiliencia y de positividad que está impactando en todo el mundo.

Otro milagro y ejemplo de vida y resiliencia lo podemos encontrar en Julio Escalante, un joven que no se ha soltado de la mano de Dios, su vida es un testimonio de amor impresionante.

El accidente de Julio sucedió cuando tenía 23 años, el 19 de abril de 2015, yo lo entrevisté 2 años después. Llegó a mi casa con Adriana, su mamá. Tenía un semblante dulce y fue muy cariñoso desde nuestro primer chat para planear la entrevista, la cual insistió que fuera antes de las vacaciones. Tenía cierta urgencia de dar a conocer su mensaje de esperanza. Me enterneció y contagió su espíritu incansable y mágico. Su mirada y sonrisa me daban aliento y confort. Era imposible no "babear" por su historia y personalidad: guapo, inteligente, noble y con gran sentido del humor. Físicamente, muy alto y corpulento, se veía bastante sano y hasta con unos kilitos extras que demostraban salud. Lo único fuera de lo normal es que cojeaba un poco por un problema en el pie. Fue la única secuela notoria a simple vista, más la cicatriz por la traqueotomía, una herida en la garganta que ahora usaba para comunicar fe, fortaleza y esperanza.

Entrevista a Julio Escalante, 4 de julio de 2017

¿QUÉ FUE LO QUE TE SUCEDIÓ EXACTAMENTE?

Yo estaba con un amigo en un antro llamado La Pachanga, el más *cool* de Valle de Bravo, creíamos que estábamos en un lugar seguro porque tenía cámaras, seguridad y se supone que íbamos puros "chavos bien". Nos creíamos los dueños de ese lugar porque éramos clientes frecuentes y nuestro amigo era el cadenero Simón, que nos tenía una mesa de pista, pedíamos varias botellas e íbamos a ligar. Me sentía el más *chingón* por tener todo eso. Era difícil entrar y conseguir mesa, así que por eso yo con mi actitud prepotente decía: "Vean, tengo la mejor mesa, nenas." Estudiaba Administración de negocios internacionales y tenía una empresa de vender café con un amigo. Yo estaba bailando con una amiga mía cerca del baño de mujeres. En eso sale una chava del baño, choca conmigo y se cae. Y yo, como buen caballero, porque así me han educado, le doy la mano y la levanto diciéndole "perdón princesa", y justo cuando me estoy levantando, su novio me revienta una botella en la cabeza, por la espalda. O sea, no pude bloquearlo, no pude esquivarlo. Ni siquiera lo vi, ¡y al suelo! En ese momento se prendieron las luces del antro y se apagaron las luces de mi vida. Llegó la ambulancia y me llevó al hospital de Valle de Bravo. Después me transportaron en helicóptero al Hospital ABC de Observatorio (CDMX) y me atendió un muy buen médico, Tenoch Herrada, que conocía mi tío. Tuve un traumatismo cráneo encefálico severo en hemisférico izquierdo, o sea, me rompieron el cráneo. Y llegué un poco tarde al hospital, se me había hinchado mucho el cerebro. La primera operación que tuve fue para quitarme la mitad del cráneo para que mi cerebro no se apretara.

Mira, toca aquí la cicatriz, ¿ves?

Sí, se siente un hueco.

Casi la mitad de lado izquierdo es placa. Me quitaron el cráneo y estaba "a piel" mi cerebro y después de operarme, fíjate lo que dijo el doctor: "Lo más probable, es que su hijo muera". Como no me morí, días después dijo: "Lo más probable es que su hijo se quede en coma permanente." ¡Para toda la vida, imagínate! Después, como tampoco me quedé en coma, dijo: "Lo más probable es que su hijo se quede paralítico, que pierda el habla, que su hijo pierda la vista."

O sea, teníamos muy malos pronósticos, pero mi mamá sabía que eran pronósticos, no era una realidad lo que nos decían los médicos. Entonces, mi familia y amigos estaban luchando por ese 20 o 15 % de probabilidad de que yo saliera vivo, después otro 15 % de que yo hablara, después otro 15 % de que yo viera, o sea, que yo esté como estoy ahorita, es el .01% de probabilidad.

¿QUÉ ES UN MILAGRO PARA TI, JULIO?

Para mí, un milagro es la vida, eres tú, quien está leyendo este libro, somos un milagro. Estamos vivos, estamos respirando. Un milagro es cuando Dios, que se manifiesta en este mundo como amor, en mi caso es todo el amor de mi familia, mis amigos, la lucha, todo eso hizo el milagro de que yo esté vivo. A mí me han dicho también que cuando estás en coma, tú decides si regresar o no, yo no recuerdo haber decidido, pero yo decidí regresar.

¿QUÉ PASÓ DESPUÉS?

Salí del hospital, me llevaron a mi casa, me acosté y me dormí. Al día siguiente me desperté como un día normal, tenía ganas de ir al baño, intenté levantarme de la cama y no podía. Le digo a mi mamá que algo estaba sucediendo porque no podía levantarme. Me contesta: "Espérate Julio, ahorita voy por tu silla de ruedas." Se me borró el

100% de mi estancia en el hospital, yo desperté en un día normal con esa noticia. Entonces, ¡sentí que se me salió el corazón! Dije: "¡Cómo que silla de ruedas, ma!" Ella me dijo: "Ten paciencia, apenas ayer salimos del hospital, pero vas a volver a caminar." Le pregunté, ¡de qué carajos me estaba hablando! "¿Cuál hospital?" Mi mamá me recordó que tenía 23 años porque yo pensé que eran 21. Creí que había estado en coma 2 años, pero me dijeron que fueron 3 semanas. Mi cabeza era como una sopa muy revuelta. A partir de ese día creí que lo que estaba viviendo era una pesadilla, que estaba soñando, que no estaba en mi mundo real. Mis amigos y familiares me traían donas a mi casa y "le entré a mi sueño comiéndomelas", estaba tan desnutrido que no me podía ni levantar. Durante 3 semanas creí que estaba soñando. Mi consciente no quería y no podía aceptar que esa era mi realidad. No me acordaba de nada, ni de haber ido al antro, ni de la botella que me reventaron en la cabeza. Se me borró todo lo del hospital. Hasta que un primo me leyó un poema, me di cuenta de que no estaba soñando. El poema es muy bueno, después te lo enseño.

¿Estaban muy alcoholizados tanto la novia como tu agresor?

Sí, yo creo que sí. La novia chocó conmigo por borracha y quizá también el que me reventó la botella, pues no es una reacción que haría alguien sobrio, creo que estaba borracho o drogado.

¿Lograste perdonarlo?

Sí. Me llevaban a terapias 2 veces por semana y yo ni siquiera quería, vivía deprimido pensando en cómo vengarme de la persona que no conozco, pero que me reventó una botella en la cabeza. De cómo hacer que su vida estuviera peor que la mía, porque es un instinto que tenemos todos de defendernos, vengarnos, pero mi papá, afortunadamente, es un hombre muy decente. Decidió buscar justicia, sólo vía legal. Está demandado. Mi papá me llevó con los abogados, me informaron las versiones que dio en el juicio y me dio coraje, porque decía 3 versiones diferentes y la última versión era que yo fui el que armó bronca, cuando yo nunca me he peleado en la vida. Que supuestamente le di una nalgada a su novia y él me dijo: "Oye, por favor, con más respeto." Y que yo le dije: "¿Qué, cabrón? ¡Ora sigues tú!" Y que yo antes le solté un golpe en la cara y que él por defenderse, me soltó otro golpe y que yo me caí y me pegué con un escalón.

¿Y LOS TESTIGOS?

Mira, lo primero que dijo él fue que no estuvo en el antro, sus versiones han ido cambiando. Lo más difícil del juicio según mis abogados es encontrarlo en el tiempo y el lugar, pero no fue difícil para nosotros, porque dijo que no estuvo ahí, pero sus testigos dijeron que sí se habían ido a la Pachanga con él pero que no se había peleado.

¿Y LAS CÁMARAS DE SEGURIDAD?

Las cámaras no estaban funcionando. O quizá sí, pero los de La Pachanga dijeron que no. Nadie del negocio ha declarado nada, porque tienen miedo de perder su trabajo. Pero la verdad nos hará libres. Cuando estaba en silla de ruedas no podía caminar, estaba en terapias desesperado por caminar, tenía muchos miedos: miedo a no volver a caminar, a no volver a manejar, a no volver a hablar bien, mi vida era una vida de miedos. Tenía miedo al perdón y, un día, después de muchas frases que me dijo mi familia y mis amigos de que perdonar me hacía bien, decidí perdonarlo y me dije: "¿Sabes qué? Ese hombre debe tener una vida difícil, debe ser inseguro y ahorita que está prófugo de la justicia, ha de estar muy nervioso. Entonces, ¿por qué me quiero vengar? ¿Por qué no puedo perdonar?" Entonces lo perdoné, y al momento de hacerlo, me eché un Padre Nuestro y un Ave María y recé por él. Porque fuera feliz y por su más alto bien. Porque lo que me pasó a mí, no se lo deseo a nadie, ni siquiera a él. A nadie se lo deseo.

¿Cómo te sentiste? ¿Liberado?

Al momento de perdonarlo, amanecí más alegre, con más ganas de terapias, de luchar, se me quitó un peso de encima, mi mente estaba concentrada en mi recuperación, no estaba concentrada en la venganza o en el otro *cabrón*, estaba aceptando mis límites físicos y empecé a luchar contra ellos, empecé a luchar contra los límites emocionales, lloraba por todo y me blindé el corazón. Empecé a fijarme en mis bendiciones, en todo lo bonito que tengo, en mi familia, en mis amigos, y empecé a sentirme bien, a disfrutar de mi vida, aunque estuviera jodida. Empecé a reírme de mí. Un día estaba viendo la televisión con un primo, me habían bajado de la silla de ruedas para sentarme en la sala, le pregunté si quería una coca y me dijo que sí, entonces le dije ahorita vengo, voy por ella e hice como que me iba a parar... ¡Porque la vida es para divertirse y disfrutar! La misión que tenemos todos, yo también, con este milagro que Dios me dejó vivo, es descubrirla. Aunque yo me pregunto por qué no me dejó instrucciones para saber qué misión, pero ya me di cuenta de que mi primera misión es ser feliz, mi primera misión es estar al 100 %, limpiar mi alma, sentirme feliz. Y después, mi segunda misión es hacer feliz al que está a lado, apoyar a la gente que pasó por situaciones similares a la mía. He ido mucho a hospitales a visitar a enfermos y familias para darles esperanza y muchos de los casos han salido adelante, otros han muerto, pero intenté hacerles entender a los papás que todo es perfecto, que Dios pone las batallas más difíciles a sus mejores soldados, y Dios nunca nos pone algo con lo que no podemos, nunca.

¿CÓMO ES HOY TU RELACIÓN CON DIOS?

Mi relación con Dios es hermosa. Yo, que crecí católico, creía que era un pecador por no ir a misa, creía que tenía que irme a confesar con un sacerdote. Mi abuelo materno falleció el día que me pusieron la placa en la cabeza. Él llevaba a mi mamá y mis tías a misa cuando eran chiquitas y se quedaba afuera sentado en una banca y se ponía a jugar volados con el vendedor de merengues, y un día mis tías y mi mamá le preguntaron por qué no entraba a misa con ellas, y lo que les contestó me hizo ver las cosas de otra manera. Dijo: "Yo no entro porque Dios está en todos lados, no entro porque he entrado y escuchado lo mismo muchas veces, prefiero quedarme aquí afuera con el que vende merengues porque necesita una sonrisa y yo quiero dársela." Y cuando escuché eso, se me abrió el corazón, me dije: "Sé amable, ayuda, apoya." Entonces ahorita tengo una relación muy buena. Todas las noches rezo y hablo con Él, le agradezco muchas cosas y le pido cosas para los demás, para mí, sólo le agradezco que ya me puedo hacer cargo de mi vida y sí soy muy creyente en Dios, en la Virgen María y Jesucristo, pero la Iglesia se me hace un negocio, no soy nada practicante.

¿LLEGASTE A VER A LA VIRGEN, ME DICE TU MAMÁ QUE UNA MONJA ESTUVO CONTIGO?

Sí, la vi. Fue mientras abría los ojos y movía las manos. Tuve en mi mente una foto de la Virgen María, no sé de dónde salió. Una amiga de mi mamá (Nayeli Guzmán) que tenía a su hijo en terapia intensiva también, se acercó con una monja que traía una estatua de la virgen y empezó a orar mientras me ponía una manta encima de la cabeza a pesar de que mi papá ya no quería que nadie me visitara por miedo a infecciones o contaminaciones. Mi papá sintió una energía tan fuerte que se tuvo que hincar a pesar de su resistencia a tantas visitas. La Virgen María lo hincó. Después me preguntó que cómo me sentía y dice mi papá que lo callé para que no me interrumpiera, porque estaba viendo y escuchando a la Virgen.

¿CÓMO SABEN QUE ESTABAS VIENDO A LA VIRGEN?

Porque la monja le dijo a Nayeli que sintió una presencia muy fuerte como nunca antes había sentido, y que yo me iba a poner bien, eso nunca se lo dijo a Nayeli; su hijo, Guillermo, murió de leucemia a los 19 años. La monja nos lo advirtió.

ME PREOCUPA MUCHO LA VIOLENCIA ESCOLAR, COMO LA GOLPIZA ENTRE ALGUNOS ALUMNOS DEL COLEGIO IRLANDÉS Y DEL CUMBRES. ME PREOCUPA QUE LAS ADICCIONES VAYAN EN AUMENTO ENTRE LOS JÓVENES, PERO TÚ VIENES A DAR MENSAJES DE FE. ¿A QUÉ CREES QUE REGRESASTE DEL COMA?

A disfrutar mi vida y ser feliz. A cambiar las generaciones como la mía, donde eres popular por ir a los mejores antros, beber en exceso, etcétera. Quiero abrirles los ojos y que sean populares no por eso sino por ser amables, deportistas y con el mejor humor. Decirles que no divertirse sanamente tiene consecuencias.

¿CREES QUE VIVIMOS UNA ÉPOCA DE CRISIS DE FE? ¿A QUÉ SE DEBE?

Sí. Se debe a la realidad que vivimos, la corrupción de los políticos que hay en México, a la pobreza extrema y a cómo manejan la presidencia del país. Se ha perdido la fe porque creen que no puede haber ningún Dios que permita tanto sufrimiento. Pero yo creo que Dios nos trae a este mundo para prepararnos, para hacer crecer nuestra alma y darnos la oportunidad. Nos pone pruebas diferentes, difíciles y todos tenemos la opción de rendirnos o salir adelante. Todos tienen esas opciones.

VARIAS VECES HAS MENCIONADO LA PALABRA "ELEGIR". TU ALMA DECIDIÓ QUEDARSE Y SOBREVIVIR, ELEGISTE PERDONARLO Y ELEGISTE DAR CONFERENCIAS. ¿QUÉ LE DIRÍAS A ALGUIEN QUE CREE QUE ES VÍCTIMA DE LAS CIRCUNSTANCIAS Y CREE QUE NO TIENE OPCIÓN, PARA QUE ASUMA SU PODER?

Todos tenemos un poder divino enorme que, cuando llegamos a la Tierra, se nos olvida. Yo les diría: "Recuerda tu divinidad, recuerda todo el poder que tienes, estás sufriendo porque lo decidiste, empieza a ver lo positivo, disfruta, todo tiene un lado positivo y negativo." Incluso yo, que estuve en coma por un botellazo por la espalda, que estuve en silla de ruedas mucho tiempo, sin hablar y a punto de morir. Yo tenía mucho coraje, enojo y decepción, hasta que logré ver el lado positivo.

¿Tomaste antidepresivos?

Sí. Ya los quería dejar, pero mis papás no querían hasta que el doctor lo aprobara. Pero me los quitaron mucho antes de lo esperado, porque yo le dije al doctor que, ¡cómo me iba a deprimir con tantas bendiciones a mi alrededor! Entonces me los quitó para ponerme a prueba. Yo aprendí a pensar con mi alma, no a pensar con mi mente.

¿Cómo se hace eso, Julio?

No me sé la fórmula, pero yo lo hago viendo las cosas desde su belleza. Puedes ver hasta la popó de una forma bonita. Podemos disfrutar de cada momento. Te lo juro. Hoy desperté pensando en que iba a ser un día maravilloso y que iba a ser feliz, aún sin saber qué iba a suceder.

¿Qué le dirías a la gente que no sabe perdonar o vivir en el presente?

Perdoné a mi agresor por mí, no por él. Perdonar te vacía de resentimientos y ahí empieza todo lo positivo. Hay que agradecerles a nuestros ofensores, porque nos enseñan algo que no sabemos hacer nosotros para ser mejores.

ANTES DEL ACCIDENTE YA ERAS SANADOR DE THETA HEALING, Y DESPUÉS DEL ACCIDENTE TOMASTE OTRO CURSO. ¿TE SIRVIÓ PARA EL ACCIDENTE?

Sí, porque tú sabes que te enseñan a programar tu mente. Aprendí a usar mi mente a mi favor. Me ayudó a perdonar y a liberarme de resentimientos.

ENTONCES, ¿ERES SANADOR, CONFERENCISTA, MISIONERO Y PREDICADOR?

¡Y guapo!, ja, ja, ja. Aunque no soy muy católico, les hablo de Dios y de la fe, en mis conferencias.

SÉ QUE NO ESTÁS COBRANDO PARA TUS CONFERENCIAS, ¿CÓMO ESTÁS USANDO TUS REDES SOCIALES?

Subo fotos de mi antes y después con frases motivadoras en mi Facebook: "Julio Escalante #FuerzaJulio".

HAY UNA FRASE MUY BUENA QUE MI MAMÁ Y YO INVENTAMOS: "NO DEJES QUE LA VIDA SE TE PASE, PASA TÚ POR LA VIDA PISANDO FUERTE, DEJANDO HUELLA." ¿CREES QUE TODOS SOMOS HACEDORES DE MILAGROS?

Sí, claro, porque todos podemos cambiarle la vida a alguien siendo positivos, aunque no nos demos cuenta. Por ejemplo, te puedes subir a un elevador y al ser lindo con una chica que quizá pensaba suicidarse, puedes cambiarle el día con un comentario amable como: "Hola, guapa." Solos somos fuertes, pero juntos somos invencibles. Sin mi familia, no lo hubiera logrado. Pero todos tenemos la familia que necesitamos. Todo es perfecto tal como es. Dios no nos manda algo que no podemos manejar. Fui en silla de ruedas y con pañal a la tercera peregrinación a La Villa, mi papá tuvo que comprarme un pañal en un *Walmart* cercano. Cuando entré fue un momento mágico y creció mi fe. Es el mismo Dios para todos, sólo que tiene diferentes nombres. Tenemos que tener fe en nosotros primero, y después en Dios. Porque Él te acompaña siempre. Los jóvenes pueden cambiar las costumbres de este país. La gente creía que mi mamá estaba loca, porque se la pasaba cancelando todo con la técnica Theta Healing. Por eso mi mamá no sabe bien el diagnóstico que me dieron, simplemente no lo registró, porque se la pasó cancelándolo. Mi papá es quien lo sabe.

Entrevista a Nayeli Guzmán

Entrevisté a la guía espiritual de vida y conferencista Nayeli, en mi cabina de radio, en abril de 2017, para mi podcast *Los huevos no son al gusto*. Si deseas escucharla, ingresa a: www.loshuevos-nosonalgusto.com y elige el programa #60 "Duelo y desapego". Aquí la transcribo:

¿EN QUÉ CONSISTE TU PROYECTO, "ELIGE CÓMO VIVIR"?

Llevo 10 años preparándome para ser *coach*, transformando muchas vidas y de repente, mágicamente el destino me dice: "Vas tú y te sientas en la silla de quien hay que transformar, a ver si es cierto todo lo que dices." Y que me toca vivir una experiencia con Guillo, mi segundo hijo. Es un caso muy conocido ya. Guillo estando en Barcelona estudiando y siendo *surfer* y jugador de futbol americano de 19 años. Empieza con un tema de salud muy fuerte. Me llaman del hospital una noche y me dicen que Guillo fue internado de emergencia y que el diagnóstico es leucemia. Cuando te lo dicen a kilómetros de distancia, creyendo que tu hijo está perfecto, de pronto todo se cae, te enfrías. A Guillo lo entrenó de una manera perfecta la vida en el campo de futbol americano, mientras que a mí me entrenaron en las aulas. Los dos estábamos en el Tecnológico Campus Santa Fe. Yo con mis certificaciones y él corriendo como jugador. Esta historia es divina, porque él empieza como aguador y se siente orgulloso porque como es tan chiquito y delgadito, le dicen que él no puede jugar. Que puede entrenar, pero no podrá jugar. Y el aguador recorre toda la República Mexicana con la pasión y conexión que él tiene. La vida nos prepara para los momentos que nos llegan, ya estamos listos, pero nos hacemos chiquitos, nos hacemos víctimas, nos "desempoderamos" y nos encerramos en una caja muy obscura. Pero la vida ya nos dio lo que necesitamos para lo que vamos a vivir después.

¿ESTAMOS PREPARADOS PARA LA MUERTE DE UN HIJO?

Yo creo que estamos preparados para todo. Perder a un hijo es la prueba de las pruebas, en todas las culturas. Es tan fuerte y antinatural, que no tiene nombre. Yo que lo he vivido, te puedo decir que elegimos cómo vivirla. Yo le dije: "Guillo, elige cómo quieres vivir a partir de este momento, cómo te quieres sentir. No te permitas ni pensamientos negativos, ni emociones negativas, ni escenarios negativos. Tú sabes perfecto cómo hacer esto", porque absorbió todo lo del conocimiento del coaching, y me dijo: "Ma, tengo miedo," y le dije: "Ya sé, pero tú y yo vamos a empezar a crear una realidad diferente." Y es una historia divina donde, durante 9 meses, empezamos a crear una realidad diferente que no tiene nada que ver con lo que está pasando en el hospital, que rompe con todos los diagnósticos, con todos los escenarios, con todas las predicciones, se empieza a modificar todo, porque somos capaces de crear una realidad totalmente diferente a la que nos dicen que está sucediendo. Al grado de que a Guillo se le muere la médula ósea y una médula así, no produce sangre, plaquetas ni glóbulos blancos ni rojos. Y, mágicamente, Guillo, para ver a su novia, necesitaba tener neutrófilos que son defensas, y entonces él se ponía en meditación todas las noches, y apostaba con los doctores que los iba a tener. Y su médula que estaba muerta, empezó a producir neutrófilos y los doctores le decían:

—Guillo, no la puedes ver, pero tienes 900 neutrófilos.

—¿Cuántos necesito?

—Por lo menos 1,500.

—Ok. Les apuesto mil pesos, a que mañana tengo 1,500 neutrófilos.

Y le sacaban análisis diario y al día siguiente tenía 1,800, 2 mil; llegó a tener 6 mil neutrófilos meditando, programándose y conectándose con lo que él sí podía hacer. Pero más allá de esto, empezamos a modificar todo el escenario, y todo lo que le tenía que pasar no le pasó, todo lo que tenía que suceder con las quimios y el trasplante, no le sucedió. Caemos en el escenario de 2 trasplantes que fracasan. Guillo sale airoso, se recupera, se va a casa. La maravilla de esto es quién elige ser él, porque Guillo siempre estaba impecable y alegre. Es impresionante la forma en la que elige pasar por esta prueba, porque además es un escenario horrible, es un escenario desalentador, todo va en contra, todo está sucediendo como no queremos que pase. Y la vida es eso, amarla y aceptarla conforme sucede, no como tú quieres.

¡Los huevos no son al gusto! Por eso se llama así mi programa.

¡Exacto!, ja, ja, ja, ja. La belleza es en quien nos convertimos con estas pruebas. Nosotros pudimos elegir qué hacer con el proceso y durante éste. Entonces llegó Chandra, el Director del Tec, y cuando estaba frente a Guillo le dijo: "Guillo, yo te necesito hablándoles a todos mis chicos, tengo chicos que por menos estarían destruyendo su vida en alcohol y drogas, en depresiones. Necesito que tú les hables, los conectes y les digas cómo le estás haciendo para estar tan impecable en tu proceso tan fuerte, difícil, doloroso y horrible." Y Guillo aceptó. Decidió dar una conferencia, pero conmigo, porque decía que sin mí no sería lo mismo. Estábamos las 24 horas juntos y yo era su *coach*. Cuando a Guillo le dieron el diagnóstico, me dijo: "Ma, éste es el gran juego para el que me he preparado toda mi vida, éste es el *cabrón* de 180 kilos que voy a tener que tumbar de nalgas, y tú eres la mejor *coach* del mundo para lograrlo. Estamos listos tú y yo." Sabíamos los dos que estábamos listos.

¡Wow, una mancuerna espectacular!

Exactamente, la verdad es que yo no me tuve que preparar para ser *coach*, me tuve que preparar para estar a la altura de este maestro de vida que tenía enfrente, con el que viviría tantas horas durante 9 meses y todo en él era sabiduría y amor. Guillo eligió el camino del amor y de la alegría y hoy yo comparto la historia de que hay una manera más digna y elegante de vivir que no es el dolor y el sufrimiento, es a través de experimentar la vida desde el amor y la alegría. Desafortunadamente, Guillo dejó este mundo 9 meses después. Se fue y me quedo con esta responsabilidad y promesa de amor, porque él me hizo prometerle que si él no podía dar esa conferencia, la iba a dar yo. Y sí, se lo prometí, porque le dije que era una historia que teníamos que contar. Y elegí darla con este golpe al corazón, porque me rompí. Al mes y medio que me di el tiempo de llorar, quedarme quieta y guardada para sanar las heridas, invité a mis otros 2 hijos a un viaje y me los llevé a cenar a un lugar especial y les dije: "Mis amores, les voy a entregar su herencia de vida en este momento. Esto que nos está pasando a mí y a ustedes nos da el permiso de quedarnos tumbados en una cama y no volver a salir nunca y rompernos y quedarnos quietos para siempre. Y nos van a cobijar, porque la sociedad te invita a quedarte en este plano de víctimas, de perdedores, de dolor. Ese escenario está puesto para todos." Y les dije, también: "Hoy les quiero regalar ese poder de elección que es muy importante, elegir lo que quieren ser, con lo que vivan el resto de su vida. No siempre van a elegir lo que les pasa, pero sí pueden elegir lo que van a hacer frente a las circunstancias de lo que les está pasando. Y por ti, Gerónimo y por ti, Tamara, y por Guillo, elijo vivir, cantar, bailar, abrazar mi vida, seguir adelante", y elijo con esta historia, nutrir las vidas que se tengan que nutrir a partir de este proyecto que me ha rebasado, Vero. Ha sido majestuoso e increíble, cada conferencia se llena con 700 personas, me quedo con gente afuera y en vez de quedar bien, quedo mal.

TU DUELO SE CONVIRTIÓ EN TU MISIÓN DE VIDA Y ADEMÁS GUILLO RESPONDÍA: "ESTOY DE LUJO, DOC", CUANDO LE PREGUNTABAN LOS DOCTORES CÓMO ESTABA.

El último día, cuando no sabíamos que Guillo ya se iba, él estaba muy mal, tenía 7 catéteres, 8 bombas de medicamentos y había perdido 27 kilos, estaba pésimo. Estaba del *carajo*, era el peor escenario para él y todos lo sabíamos. Los doctores muy respetuosos les dijeron: "Guillo, buenos días, ¿cómo estás?" Y Guillo, desde su cama, con una sonrisa enorme les dijo: "De lujo, doc." Guillo estaba de lujo, estaba impecable. Yo no sabía de medicina, de materias de la escuela y de muchas cosas, pero yo sí sabía cuidarle el alma a mi hijo, y me dediqué a eso. A sostenerle el alma a mi hijo. "¿Cómo se la sostenemos?" Porque ellos ven la vida y las posibilidades a través de nuestros ojos. Yo me despertaba a la 6 de la mañana diario a meditar y a las 7 y media estaba arreglada, impecable, esperando que él abriera los ojos y viera a una mamá que ya estaba lista para poner música, hacer cafecito en el cuarto. Su cuarto estaba lleno de fotos de él exitoso, sano, puras frases positivas; tenemos una responsabilidad muy fuerte de cuidarle el alma a quienes están caminando con nosotros. Porque lo demás lo hacemos cada uno. Los doctores y cada quien, lo que nos corresponde.

ESO TE IBA A DECIR NAYELI, QUE LOS HIJOS SON NUESTRO REFLEJO. DICEN QUE EL AURA DE LOS HIJOS ES LA MISMA QUE LA DE LA MAMÁ HASTA QUE TIENEN 7 AÑOS, ¿PODEMOS CUIDARLE EL ALMA A UNA PAREJA, UN HERMANO, A LOS PADRES? YO CREO QUE GUILLO, SI NO HUBIERA TENIDO UNA MAMÁ CON ESA ALEGRÍA DE VIVIR, PORQUE TÚ DIJISTE QUE METÍAS LA ALEGRÍA A TU MALETA Y EN FORMA DE NARIZ DE PAYASO PORQUE ESO DIJISTE EN UNA CONFERENCIA, ÉL SIN TI Y TÚ SIN ÉL NO LA HUBIERAN HECHO.

No la hubiéramos hecho, definitivamente.

PLATÍCAME… ¿CÓMO MANEJASTE ESA DOSIS DE ALEGRÍA?

La tengo de toda la vida, creo que es un ingrediente que me pusieron de sobra.

ES QUE YO SI TE VEO ASÍ PENSARÍA: "MI QUERIDA NAYELI ESTÁ EN DROGAS." ¿CÓMO SE ANESTESIA UNO PARA VIVIR Y PARA ATRAVESAR UNA SITUACIÓN ASÍ?

Sí, porque además es muy reciente, fue apenas hace 21 meses. A mí me decían: "Ya *güey*, qué *chingados* estás tomando porque no puedo creer que estés tan bien." Y estamos tan bien cuando estamos conectados de manera poderosa con la Fuente, con nuestro

Padre, con el Universo, con esta magia donde sabemos que sólo es una experiencia pasajera, que todo lo que está pasando es una ilusión y además hicimos un acuerdo previo para vivirlo. Esto yo lo aprendí después. Durante el proceso no sabía qué pasa con el alma cuando nos despegamos aquí. ¿Cómo mantienes la alegría? Cuando sabes de quién estás sostenido, cuando estás bien parado en tus creencias, cuando sabes quién eres, cuando sabes que eres capaz, porque además te pones en el momento presente y todo está bien, aunque todo esté del carajo, pero todo está bien, tienes alegría, en ese momento hay cosas maravillosas que están pasando. Mi hijo estaba bien, estaba en el mejor hospital con los mejores especialistas, teníamos un seguro que nos cubría, estábamos rodeados de amor, de amigos. Ahí empiezas a construir un estado interno, donde en vez de destruirte te construyes y empiezas a crear tus propios momentos de alegría, aunque hasta el día de hoy, tengo el alma rota, tengo una herida de muerte en el corazón, pero estoy conectada y vivo en alegría y disfruto.

Sí, porque cualquiera diría que estás en negación o estás en drogas, o no quieres aceptar la realidad. Pero ya pasó todo: el antes, durante y después, sigues con esa alegría auténtica que se respira, se ve y atraviesa una cámara y un micrófono. Para mí eres un ejemplo de desapego. Nuestros hijos, como dice mi papá, no nos pertenecen, los hijos son prestados.

Prestados. No nos pertenecen. Y hay que amarlos profundamente mientras nos den la oportunidad de caminar con ellos, porque además son nuestros maestros y creemos que nosotros estamos aquí para decirles cómo son las cosas. Y los que nos están enseñando todo el tiempo son ellos; cuando te inclinas ante un hijo y reconoces que es un maestro que te va a transformar y con el que te vas a convertir en una versión divina. Ahorita decías del aura del hijo y la madre, creo que se puede permanecer por siempre o con la pareja, yo siempre digo que se nota quién es tu pareja, se nota quién es tu marido, quién es tu esposa, porque eso se nota, se nota que eres hija de alguien, porque nos estamos compartiendo muchos elementos.

A ver, a mí no me queda claro y quiero retomar estos pasos para que la gente se vaya con claridad para saber: ¿Cómo cuido el alma de mi hijo? Lo primero me queda claro, que es la congruencia, educo desde el ejemplo, me ven contenta, me ven meditando, me ven ayudando, ¿es un acuerdo previo entre almas donde antes de venir a esta vida carnal, ustedes estuvieron de acuerdo, se eligieron mutuamente? Porque dicen que los hijos nos eligen antes de llegar a este plano.

Fíjate que yo creo que sí, una vez vi a Guillo bailando en la escalera con una dona y un capuchino en la mano y lo vi tan contento y sentí que algo iba a pasar y sentí que alguien me dijo, "prepárate, que viene el gran golpe" y dije, "cancelado", ¿por qué tengo este pensamiento? Lo vi tan pleno, venía bailando salsa con su dona y su capuchino, y en ese momento sentí que venía la gran prueba. ¿Cómo le cuidas el alma a tu hijo? Desde el primer día que lo tienes en tus brazos, haciéndole saber que hay que confiar en la vida, no decírselo, pero confiar. Que vea que amas la vida, que estás disfrutando cada instante que comparten juntos, que es un placer estar aquí, que estar aquí es una celebración y una oportunidad y eso no se dice, no se les manda a cursos, no se les manda a las universidades, eso se mama, se vive.

Sí, ES LA ESCUELA DE LA VIDA...

Tú eres lo que tus padres te están transmitiendo. Por eso me interesa mucho llevar esta conferencia a los adolescentes y a los papás.

No QUEREMOS MÁS BALACERAS ESCOLARES. EL SUICIDIO EN JÓVENES SE INCREMENTA.

No queremos. Los niños están deprimidos porque los papás llegan deprimidos a casa, porque las conversaciones que escuchan son de pérdida, de miedo, de desilusión.

EL BULLYING EMPIEZA EN CASA...

Sí, porque los bulean, porque los agreden. Bulear a un hijo es que te hable y ni lo voltees a ver a los ojos. Desde que tu hijo está tomando pecho, merece tu mirada; ésta es una manera de hacerlo sentir importante y valioso.

OYE, YO TUVE DEPRESIÓN POSTPARTO, ¡Y NO DISFRUTÉ ESA ETAPA, CARAY! AHORA VEO BEBÉS Y SE ME ANTOJAN. Y ESTO ES ASÍ PORQUE VAMOS PASANDO POR LA VIDA EGOÍSTAMENTE, VIENDO SÓLO POR NUESTRAS NECESIDADES, EN VEZ DE VER POR LAS NECESIDADES DEL OTRO. UNA FRASE QUE TÚ DIJISTE QUE ME

GUSTÓ MUCHO ES: "HAY QUE CONECTAR CON LO DIVINO PARA SUPERAR TODO. ENCONTRAR ESA SABIDURÍA."

Es que al final, todo se centra en que, si no tienes una conexión con lo divino, con lo sagrado, si no estás conectada con tu fuente de vida, te vas a morir en un proceso de éstos. Si buscas afuera las respuestas, te vas a morir como veo a muchísimas mujeres, muchísimos padres que se están muriendo con la pérdida de un hijo. Si te vas para adentro y conectas con la verdad, con el amor, con lo sagrado, con lo divino, con tu esencia, vas a entender que fue un encuentro mágico con ese hijo que no era tuyo, que no te pertenecía, que te lo prestaron un ratito, como todo lo que estamos teniendo y compartiendo, porque cuando estás conectado con tu parte más poderosa, divina y sagrada, ni pierdes ni ganas; solamente estamos creciendo, nos estamos expandiendo, nos estamos experimentando para regresar a la Fuente, al Padre, para regresar a Dios, como le quieras llamar. Y nunca nos desconectamos, si te vas para adentro, te conectas con el mundo entero.

¡Tú eres un Curso de milagros viviente!

Claro. Me lo han dicho. Nunca lo he tomado. Quien me conoce, me dice: "Tú eres el DVD en vivo del Curso de Milagros", creo que ya lo tengo que tomar.

CUANDO ME LLEGAN PACIENTES CON CÁNCER, LES DIGO QUE NO CREAN EN EL DIAGNÓSTICO, Y TÚ LO DIJISTE EN LA CONFERENCIA, NO HAY QUE CREER EN LOS DIAGNÓSTICOS, NO HAY QUE COMPRÁRSELA A LOS DOCTORES, PERO SÍ OBEDECERLOS.

Seguir todas las recomendaciones. Pero si lo crees, lo creas. Fue importantísimo que tú no creyeras en ese diagnóstico. El mismo Guillo no lo creyó.

¡No, es que es mágico! Nos entregaron el manual del trasplantado, son 10 escenarios en los que cae un trasplantado siempre, no te libras, son 10: coma, shock anafiláctico, alergia, paro cardíaco, etcétera. Lo supe después. El papá de mi hijo lo leyó todo porque es muy obediente, se angustió, sufrió, nos los entregó y nos dijo: "Por favor, léanlo", y yo le dije: "Gracias, ni Guillo ni yo queremos saber lo que va a pasar, porque no nos va a pasar nada." Cuando fue el trasplante (y fueron 2 trasplantes en menos de un mes), esto no existe, yo lo estoy grabando y los doctores estaban "verdes" porque estaban esperando los primeros 7 minutos, a que se detonaran cualquiera de los 10 escenarios, pero Guillo, como no sabía, entonces no le pasó nada. Pasa el tiempo y los doctores le preguntaban a Guillo cómo estaba y dijo que bien. Termina el trasplante, las enfermeras listas para entrarle y rescatar la reacción, y a Guillo no le pasó nada, porque Guillo no sabía que le podía pasar algo. Hay una frase divina en la entrada de la NASA que dice: "La abeja ergonómicamente no está diseñada para volar, lo bueno es que nadie se lo ha dicho." Es la primera polinizadora del planeta, y su cuerpo no está diseñado para volar, tiene cuerpo muy gordo y alas muy chiquitas. Gracias a Dios, nadie le ha dicho que no puede volar. Cuando te lo dicen, te la crees. Y es el tema con los médicos, que ellos hagan su trabajo, tú no te metas, porque ellos tienen mucho tiempo con su proceso, pero haz el tuyo, rómpeles la cara, sorpréndelos, como nosotros los pudimos sorprender; no se le cayó el pelo, no le pasó nada de lo que le tenía que pasar. ¡Wow!, es una historia divina.

¡WOW, GRACIAS POR COMPARTIR TU MÁGICA EXPERIENCIA!

Necesito patrocinio para ir a universidades a pasar este mensaje.

YO TAMBIÉN NECESITO PATROCINIO PARA ESTE PROGRAMA. ASÍ QUE NECESITAMOS PATROCINIO PORQUE ESTAMOS HACIENDO ESTE PROGRAMA Y TUS CONFERENCIAS CON EL CORAZÓN.

Cuando bajas al inframundo hay varios niveles, como cuando un buzo baja a las profundidades del mar, hay tesoros que sólo a aquel que se atreva a bajar a esas profundidades, le van a entregar.

PUES TÚ TE LLEVASTE TODO EL OCÉANO, REINA, GRACIAS POR COMPARTIR HOY. YA ENTENDIMOS QUE LA VICTIMIZACIÓN ES LO OPUESTO A LA ALEGRÍA Y SÍ PODEMOS TENER EL PODER DE ELEGIR. GRACIAS POR ELEGIR VIDA Y ESPERANZA Y COMPARTIRLO AQUÍ. EN TWITTER LA ENCUENTRAN COMO: @NAYELIECV

Epílogo

Ingredientes del milagro

En estos 3 casos los ingredientes promotores del milagro fueron el amor, la unidad y la fe. Aunque a veces la fe no se requiere para que sucedan, los milagros ocurren a pesar de nuestra incredulidad o escepticismo.

Cuando digo unidad, me refiero a unidad con los seres queridos y con Dios, desde un pensamiento incluyente de que somos uno con el Creador, sin creer en una idea de separación de Dios. Pero también encontré el factor de la fuerza de voluntad y el libre albedrío, el poder de elección: elegir actuar. Elegir por una decisión, una actitud positiva, ¡una interpretación y posición asertiva ante la adversidad! Elijo pensar positivo, elijo perdonar, elijo salir adelante, elijo abandonar el papel de víctima y la auto-conmiseración. Recupero mi poder personal.

Se dice fácil, pero no sabemos cómo o en qué momento ocurre. Lo que sí creo y he comprobado en mi vida, es que el Espíritu santo obra para inspirarnos, animarnos y a veces empujarnos a tomar esas decisiones y hacer esos cambios, como un salto cuántico donde todo recupera el sentido.

Donde hay milagros, hay perdón; expiación, como lo llama *Un Curso de Milagros*. Hay algo a lo que nos desapegamos y fluimos. Aunque sea por un instante, experimentamos el llamado "momento santo" de comunión con el Creador. Comunión es tener común unión. Es un estado de gracia total. De total plenitud. Nos salimos de nuestro ego, del yo, para ver por el prójimo. Sale a flote la luz que deslumbra y disuelve toda obscuridad.

Pero, sobre todo, nos reconectamos con Dios, con nuestro Poder superior, o como cada quien lo concibe. Reconocemos ser merecedores de su amor, de ser amados sólo por el hecho de ser hijos de Dios, y sólo por eso somos perfectos ya que fuimos creados a imagen y semejanza de Él.

Como periodista de nota roja durante más de 20 años, he descubierto que los crímenes más atroces cometidos por el ser humano vienen de nuestra desconexión con Dios, y esta desconexión proviene de nuestra falsa creencia de que no somos dignos de su amor. Vive siendo el milagro para alguien más, generando para los demás, lo que sientes que necesitas para ser feliz tú. Abrazo eterno para ti en la Luz del Padre. Tienes todo para obrar milagros porque: ¡Tú eres un milagro!

Tú eres un milagro de Verónica del Castillo
se terminó de imprimir en mayo de 2018
en los talleres de
Litográfica Ingramex, S.A. de C.V.
Centeno 162-1, Col. Granjas Esmeralda, C.P. 09810
Ciudad de México.